Quinta Edición
Cuaderno de actividades

Repase

y

escriba

Curso avanzado de gramática
y composición

Thomas G. Allen

BICENTENNIAL
1807
WILEY
2007
BICENTENNIAL

To order books or for customer service please, call 1-800-CALL WILEY (225-5945).

ISBN 978- 0-471-700135

Printed in the United States of America

10 9 8 7 6 5 4 3 2

Printed and bound by Hamilton

CONTENTS

INTRODUCTION: TO THE STUDENT	**V**
CAPÍTULO 1	**1**
CAPÍTULO 2	**17**
CAPÍTULO 3	**33**
CAPÍTULO 4	**51**
CAPÍTULO 5	**73**
CAPÍTULO 6	**91**
CAPÍTULO 7	**113**
CAPÍTULO 8	**129**
CAPÍTULO 9	**147**
CAPÍTULO 10	**161**
CAPÍTULO 11	**173**
CAPÍTULO 12	**189**
CAPÍTULO 13	**203**
CAPÍTULO 14	**217**
ANSWER KEY	**237**

INTRODUCTION: TO THE STUDENT

This workbook has been revised especially for the fifth edition of *Repase y escriba*. It expands considerably the practice on the readings, grammar, lexical items, and writing activities provided in the textbook. If you follow the workbook with care, you will significantly enhance your active knowledge of the text's materials.

The workbook's fourteen chapters correspond, thematically, lexically and grammatically, to the fourteen in the main text. Each chapter reflects the text's four-part chapter structure: I. *Lectura*, II. *Sección gramatical*, III. *Sección léxica*, and IV. *Para escribir mejor*.

Activities using vocabulary taken from the reading that introduces each chapter of the textbook are grouped in the *Lectura* section of the corresponding chapter of the workbook. This means that you need not be familiar with the newly presented vocabulary before being able to complete the activities in the rest of the workbook sections.

Many exercises are serious and to the point; some are more whimsical and open-ended. Some offer practice reviewing orthography and verbal forms, others are contexualized, while others ask for answers based upon your personal experience. The varied content is intended to help keep things fresh and more interesting for you. In the final analysis, of course, you will learn the most when you become your own instructor.

To help you do this, there is an answer key at the end of the workbook that provides the answers to all exercises except for those that ask you to write creatively. Do not refer to the answer key, however, until after you have completed the entire lesson. Your instructor may wish to correct the workbook's more creative sections, which provide you the opportunity to synthesize the material that you have practiced in the more structured activities.

The workbook exercises try not to repeat, but to complement, those in the main text. For this reason, you may do many of them before, at the same time, or after you complete the exercises in the textbook. The wise procedure is to vary your approach from lesson to lesson. It is our hope that you enjoy using the workbook. *¡Buena suerte!*

The authors are thankful to the following people for their support and assistance in the development of this workbook: Helene Greenwood and Jennifer Mendoza, both at John Wiley and Sons, for their editorial expertise; to the reviewers who provided so many helpful suggestions; and to our students, who continually guide our efforts to enhance their education.

TGA and *MCD*

CAPÍTULO 1

1.1 LECTURA

«Muerto y resucitado» (Amado Nervo)

A **Un resumen.** *Complete el párrafo siguiente con los vocablos presentados a continuación.*

acaeció	en suma	manumiso	trapos
áspera	engrosado	peregrina	
campante	la estrechez	el rancho	
desligarse	lozano	susodicho	

Cuando supo que todos creían que estaba muerto, Juan Pérez experimentó una sensación **(1)** _____. Se alegró pensando que podía **(2)** _____ de su vida previa. En el barco rumbo a Inglaterra se sentía muy **(3)** _____ y comparó la vida que lo esperaba con la que había dejado. Su esposa era **(4)** _____ y se había **(5)** _____ mucho. Su suegra era peor y como las dos gastaban mucho en **(6)** _____, de muy buena gana Juan habría cambiado **(7)** _____ de su vida de periodista por el sueldo y **(8)** _____ mínimos del ejército inglés.

(9) _____, se creía **(10)** _____ de esa existencia desagradable y se sentía libre, fresco y **(11)** _____, hasta que le **(12)** _____ que un amigo suyo lo reconoció en Inglaterra y así se acabó su **(13)** _____ sueño de una segunda vida.

B **Sinónimos.** *¿Qué palabra es sinónima de las palabras en cursiva? Escriba la letra apropiada en el espacio en blanco.*

1. Después de caer del techo, el hombre *se tocó* para ver si se le había roto algún hueso. _____

   a) se acostó   **b)** se palpó   **c)** se sanó

2. El niño era muy *obstinado* y rehusaba limpiar su cuarto. _____

   a) joven   **b)** obediente   **c)** tozudo

3. Después de años de *pobreza*, Héctor por fin terminó sus estudios y consiguió un buen trabajo. _____

   a) esfuerzo   **b)** estrechez   **c)** infelicidad

4. Mira, Pepe, estudia más y *trata de* mejorar tus notas. _____

   a) procura   **b)** evita   **c)** sueña con

5. A esa chica le gusta demasiado comprar *ropa*; gasta el dinero como si fuera millonaria. _____

   a) vestidos   **b)** pañuelos   **c)** trapos

6. Con todos los problemas económicos en casa, éste ha sido un año muy *duro*. _____

   a) áspero   **b)** largo   **c)** interesante

7. *En resumidas cuentas*, Ana no quiso salir más con David. _____

   a) Por lo visto   **b)** Mientras tanto   **c)** En suma

8. Oye, Luisa, ¿sabes lo de María? Es una cosa muy *extraña*. _____

   a) increíble   **b)** peregrina   **c)** graciosa

9. El Sr. Mejía tomaba aspirina cada día para evitar *otro ataque al corazón*. _____

   a) otro síncope   **b)** otro resfriado   **c)** otra operación

10. Cuando estaba en el ejército, *la comida* que me proporcionaban era de poca calidad. _____

    a) el rancho   **b)** el alojamiento   **c)** el entrenamiento

11. Después de pasar el verano en el campo con sus tíos, Raquel volvió a la ciudad muy *saludable*. _____

    a) bronceada   **b)** delgada   **c)** lozana

12. Temo que algo malo le haya *pasado* a doña Inés porque hace días que no me llama. _____

    a) acaecido   **b)** asombrado   **c)** dicho

13. Por más que trató, Esteban no pudo *librarse* de la obligación de cumplir su promesa. _____

    a) enterarse   **b)** desligarse   **c)** tratar

14. Los niños siempre llegaban de la playa *contentos*. _____

    a) cansados   **b)** turbios   **c)** campantes

1.2   SECCIÓN GRAMATICAL

¿Pretérito o imperfecto?

A   **Formas ortográficas: el pretérito.** *¿Recuerda Ud. las siguientes formas del pretérito? Escríbalas usando el sujeto indicado.*

VERBO	FORMA	VERBO	FORMA
1. dar (nosotros)		**11.** empezar (yo)	
2. querer (yo)		**12.** ir (él)	
3. dormir (él)		**13.** venir (nosotros)	
4. seguir (usted)		**14.** cargar (yo)	
5. estar (ellos)		**15.** poner (tú)	
6. poder (tú)		**16.** tener (ellas)	
7. pedir (ella)		**17.** traer (él)	
8. ser (yo)		**18.** marcar (yo)	
9. leer (ustedes)		**19.** hacer (ellos)	
10. decir (nosotros)		**20.** oír (usted)	

B   **El pretérito: Un espanto.** *Complete la narración siguiente llenando los espacios en blanco con el infinitivo o la forma adecuada del pretérito de los verbos que se dan entre paréntesis.*

Un día de verano mi hermano Luis y yo **1.** (despertarse) _____ y

2. (levantarse) _____ tarde como de costumbre. Después de

3. (bañarse) _____ y **4.** (vestirse) _____,

5. (desayunar) _____ y **6.** (salir) _____ de la casa

para **7.** (ir) _____ a un bosquecito que estaba cerca. Al pasar entre los altos

árboles, de repente **8.** (oír) _____ un ruido muy extraño y **9.** (decidir)

_____ enterarnos de lo que pasaba. **10.** (Acercarse)

_____ al centro del bosque, pero **11.** (tener) _____ que

12. (pararse) _____ por el miedo que nos **13.** (entrar) _____.

Allí delante **14.** (ver) _____ algo que parecía una astronave y en ese

momento **15.** (comenzar) _____ a despegar. Al principio

nosotros **16.** (sentir) _____ curiosidad por saber lo que iba a

pasar, pero luego yo **17.** (acordarse) _____ de los supuestos

casos de gente secuestrada por extraterrestres y, por eso, **18.** (dar) _____

una vuelta y **19.** (empezar) _____ a correr a toda prisa. Luis

20. (espantarse) _____ también y me **21.** (seguir)

_____, pálido y asustado. Por fin, yo **22.** (llegar) _____

al borde del bosque y mi hermano no **23.** (demorar) _____ tampoco en

llegar. **24.** (Detenerse) _____ a recobrar el aliento y **25.** (esperar)

_____ allí unos diez minutos para asegurarnos de que los extra-

terrestres no nos persiguieran. Luego Luis y yo **26.** (echar) _____

a correr de nuevo para la casa, resueltos a no volver jamás a ese bosque. Y no

27. (volver) _____, ni le **28.** (decir) _____ a

nadie lo que **29.** (presenciar) _____ aquella mañana.

C **El imperfecto: Recuerdos de la niñez.** *Complete la narración siguiente llenando los espacios en blanco con el infinitivo o la forma adecuada del imperfecto de los verbos que se dan entre paréntesis.*

Cuando mi hermano Luis y yo **1.** (ser) _____ niños, **2.** (divertirse)

_____ mucho durante los veranos. En aquel entonces

3. (vivir) _____ en las afueras de un pueblito que **4.** (llamarse)

_____ San Lucas, y **5.** (pasar) _____

horas jugando en los campos que **6.** (rodear) _____ el lugar.

7. (Haber) _____ mucho que **8.** (hacer) _____; **9.** (ir)

_____ con frecuencia a la única dulcería del pueblo y **10.** (ver)

_____ a muchos de nuestros amigos también. Como no **11.** (asistir)

_____ a la escuela, a menudo **12.** (olvidarse) _____ de la hora

y a la hora de comer mamá o papá **13.** (tener) _____ que salir a

buscarnos. Claro, esas veces nos **14.** (reñir) _____, pero **15.** (entender)

_____ que, por ser jóvenes, lo que nosotros **16.** (hacer)

_____ **17.** (ser) _____ natural. Por las noches

18. (sentarse) _____ con nuestros padres a **19.** (hablar)

_____ mientras **20.** (ponerse) _____ el sol y

21. (empezar) _____ a brillar las hermosas estrellas. Más tarde

Luis y yo **22.** (prepararse) _____ para dormir y

23. (acostarse) _____ bien cansados, pero también ansiosos

por experimentar las aventuras del día que vendría.

D **El pretérito y el imperfecto: ¿Cuál y por qué?** *Decida si las frases siguientes deben traducirse al español usando el pretérito o el imperfecto, indicando por qué. Luego tradúzcalas al español.*

1. As a child, Martín would often visit his cousins in Salamanca.

¿P o I? _____ ¿Por qué?_____

Traducción: _____

_____

2. Isabel needed to buy a new dress to wear to the party.

¿P o I? _____ ¿Por qué?_____

Traducción: _____

_____

3. I didn't go to bed until very late last night.

¿P o I? _____ ¿Por qué?_____

Traducción: _____

_____

4. Poor Samuel had to work the entire weekend.

¿P o I? _____ ¿Por qué?_____

Traducción: _____

_____

5. Don Anselmo knew all his neighbors and always greeted them.

¿P o I? _____ ¿Por qué?_____

Traducción: _____

_____

6. I found out about the accident only after reading about it in the newspaper.

¿P o I? _____ ¿Por qué?_____

Traducción: _____

_____

7. Marta refused to go with us to the movies.

¿P o I? _____ ¿Por qué?_____

Traducción: _____

_____

8. Because of the storm, we couldn't go to the beach that day.

¿P o I? _____ ¿Por qué?_____

Traducción: _____

_____

9. Alicia studied every night and always knew the answers in class.

¿P o I? _____ ¿Por qué?_____

Traducción: _____

_____

10. When I was young, I wanted to be a policeman.

¿P o I? _____ ¿Por qué?_____

Traducción: _____

_____

E **El pretérito y el imperfecto: ¡Qué alivio!** *Complete las oraciones siguientes con la forma apropiada del verbo (pretérito, imperfecto o infinitivo) indicado entre paréntesis.*

Cuando Luis **1.** (entrar) _____ en la escuela la semana pasada,

2. (querer) _____ recordar las cosas que **3.** (creer)

_____ que **4.** (ir) _____ a **5.** (tener) _____

que saber para el examen de español que **6.** (tener) _____ esa

mañana a las diez. Le **7.** (parecer) _____ que hacía horas que

él **8.** (preocuparse) _____, cuando por fin **9.** (llegar)

_____ la hora del examen. Luis **10.** (sentarse) _____

con sus compañeros de clase, **11.** (sacar) _____ papel y lápiz y

12. (mirar) _____ con miedo a su maestro, quien en ese momento

13. (repartir) _____ el examen entre los estudiantes. Las

manos le **14.** (temblar) _____ al pobre chico cuando

15. (recibir) _____ la prueba, y al principio no **16.** (poder)

_____ leer ni la primera pregunta porque **17.** (dudar) _____

que pudiera entenderla. Él **18.** (pasar) _____ unos minutos de pánico,

pero entonces le **19.** (parecer) _____ que **20.** (ser) _____ mejor

empezar el examen inmediatamente para **21.** (limitar) _____ su tormento,

y **22.** (abrir) _____ los ojos. **23.** (Leer) _____ la primera

pregunta y **24.** (sentirse) _____ muy aliviado: ¡él **25.** (saber)

_____ contestarla!, y lo **26.** (hacer) _____. **27.** (Seguir)

_____ escribiendo hasta que **28.** (terminar) _____

el examen. Se lo **29.** (dar) _____ al maestro y cuando **30.** (salir)

_____ del salón de clase **31.** (preguntarse) _____ por qué

había dudado de sus habilidades. Por fin **32.** (comprender) _____

que no **33.** (haber) _____ nada que temer excepto el temor mismo.

F **El pretérito y el imperfecto: Tonterías invernales.** *Complete las oraciones siguientes con la forma apropiada (presente, pretérito, imperfecto o infinitivo) del verbo indicado entre paréntesis.*

De niña, me **1.** (gustar) _____ muchísimo el frío y la nieve del invierno. Mis hermanos y yo **2.** (pasar) _____ días enteros jugando fuera; nos **3.** (encantar) _____ construir fortalezas y lanzarnos bolas de nieve, y no **4.** (dejar) _____ de **5.** (divertirse) _____ hasta que mamá nos **6.** (llamar) _____ para **7.** (poner) _____ fin a nuestras actividades. Un día de invierno, sin embargo, yo **8.** (hacer) _____ una cosa bastante estúpida. Mis hermanos y yo **9.** (estar) _____ en el patio, donde **10.** (haber) _____ una linterna montada sobre un poste de metal. No **11.** (saber) _____ en qué **12.** (pensar) _____, pero **13.** (decidir) _____ tocar el poste con la lengua. Así que la **14.** (sacar) _____, pero claro, cuando la **15.** (poner) _____ en contacto con el poste, se me **16.** (quedar) _____ pegada por el frío y ¡yo **17.** (encontrarse) _____ atrapada! **18.** (Querer) _____ librarme del poste, pero no **19.** (poder) _____. **20.** (Tener) _____ miedo de **21.** (estar) _____ así hasta la primavera y **22.** (empezar) _____ a **23.** (gritar) _____. Afortunadamente, mi hermano Luis, quien **24.** (ser) _____ un poco menos tonto que yo, **25.** (ver) _____ lo que me **26.** (ocurrir) _____ y **27.** (entrar) _____ corriendo a la casa para decírselo a mamá. Ella **28.** (salir) _____ poco después, llevando un vaso de agua tibia. Me **29.** (decir) _____ que me tranquilizara y **30.** (verter) _____ el agua sobre mi lengua congelada, la cual **31.** (separarse) _____ por fin del poste. Por obvias razones, yo **32.** (sentirse) _____ bien aliviada al librarme del poste, y nunca más **33.** (volver) _____ a probar ese experimento.

G **El pretérito y el imperfecto: La Matriz.** *Complete las oraciones siguientes con la forma apropiada (pretérito, imperfecto o infinitivo) del verbo indicado entre paréntesis.*

Anoche **1.** (trabajar) _____ con mi computadora, buscando

datos sobre ese misterioso personaje que **2.** (llamarse) _____

Morfeo, cuando **3.** (dormirse) _____. **4.** (Quedarse)

_____ dormido por poco tiempo y luego **5.** (despertarse)

_____. **6.** (Mirar) _____ la pantalla de la

computadora y **7.** (sorprenderse) _____ bastante, porque

8. (haber) _____ un mensaje nuevo en ella. El mensaje me **9.** (indicar)

_____ que yo **10.** (deber) _____ seguir

un conejo blanco. ¿¡Un conejo blanco!? En ese momento, alguien **11.** (tocar)

_____ a la puerta y **12.** (levantarse) _____,

todavía perturbado, para contestarla. Cuando la **13.** (abrir) _____,

allí **14.** (estar) _____ varias personas. Una de ellas

15. (ser) _____ un cliente mío que **16.** (querer) _____

el programa ilícito que yo **17.** (acabar) _____ de componer.

18. (Ir) _____ a buscar el disquete y mientras el cliente y yo **19.** (arreglar)

_____ el negocio, una de sus amigas **20.** (sugerir)

_____ que yo saliera con ellos. **21.** (Ir) _____

a contestarle que no **22.** (poder) _____, pero luego **23.** (notar)

_____ un tatuaje que **24.** (llevar) _____

la joven—¡un conejo blanco! Eso **25.** (ser) _____ todo lo necesario para

26. (cambiar) _____ de idea y les **27.** (decir) _____

que sí, y todos **28.** (salir) _____. Más tarde esa noche **29.** (poder)

_____ conocer a la famosa Trinidad en un club nocturno, y así

30. (comenzar) _____ mi aventura de la búsqueda

(*search*) de la verdad de la Matriz.

A **«Time»: una conversación conyugal.** *Escriba los equivalentes en español de las palabras y expresiones que se dan entre paréntesis.*

Él: Me parece que nunca tengo suficiente **1.** (time) _____.

Ella: Tú me dices eso **2.** (over and over) _____ y no lo comprendo.

Él: ¿Por qué no? Mira. Yo pensé que eran las diez, pero no... Por ejemplo, ¿qué **3.** (time) _____ tienes tú?

Ella: Pues, las diez y media.

Él: ¿Ves? ¡Se me escapó media hora de mi vida!

Ella: ¡No te pongas histérico! Eso nos pasa a todos **4.** (from time to time) _____.

Él: Pero tú nunca te quejas.

Ella: ¿Y no crees tú que **5.** (it's about time) _____ de que tú dejes de quejarte también?

Él: ¡Dios mío! ¡Cuántas **6.** (times) _____ me has dicho eso! Como te dije antes, sencillamente no comprendes. La gente de **7.** (our times) _____ debe tener mucho más **8.** (free time) _____.

B **«Time»: ¿Adónde fue mi juventud?** *Llene los espacios en blanco con los equivalentes en español de las frases y expresiones que se dan entre paréntesis. Tenga cuidado con la concordancia en algunos casos; no repita ninguna expresión.*

Sí, recuerdo muy bien mi niñez. En esa **1.** (time) _____ creía lo

que todos los jóvenes creen en tal **2.** (time of life) _____, que siempre iba

a haber **3.** (time) _____ para todo. Nunca me fijaba en la **4.** (time)

_____ porque no me importaba si llegaba a la escuela **5.** (on time)

_____ o no, y **6.** (at times) _____

7. (I used to have bad times) _____ con mis maestros.

Claro, eso no les gustaba a mis padres y **8.** (time after time) _____ me decían, a menudo gritándome **9.** (at the same time) _____,

que **10.** (it was about time) _____ de que yo fuera más

responsable. ¡Qué ingenuo era yo!, porque eso de ser responsable me parecía una idea

11. (behind the times) _____. ¡Santo Cielo!, me parece que crecí **12.** (in

no time at all) _____ y ahora **13.** (from time to time)

_____ es difícil creer que todo no fue un sueño.

C **«Time»: El mundo moderno.** *Llene los espacios en blanco con los equivalentes en español de las frases y expresiones se dan entre paréntesis. Tenga cuidado con la concordancia en algunos casos; no repita ninguna expresión.*

Durante **1.** (the times) _____ de mis abuelos el ritmo de la

vida era mucho más lento que el de hoy día y la gente tenía **2.** (time)

_____ para apreciar lo que le brindaba (*offered*) la vida. Claro,

3. (at times) _____ era necesario darse prisa, porque siempre era

importante llegar al trabajo o a la escuela **4.** (on time) _____,

pero en general nadie se preocupaba tanto de **5.** (the time) _____,

como es el caso actualmente. Como la gente no andaba tan apresurada, las personas

podían **6.** (have a good time) _____ con sus familiares y amigos

casi todos los días, no sólo **7.** (from time to time) _____.

La verdad, ya estoy harto (*fed up*) de tener que tratar de hacer más de una cosa

8. (at the same time) _____, y creo que **9.** (it's about time)

_____ de poner al lado los teléfonos celulares y todo el

resto de la tecnología que nos hacen tener tanta prisa, aunque ésta sea una idea

10. (behind the times) _____. Si no, a todos les va a parecer que

la vida pasa **11.** (in no time) _____, lo cual será una lástima.

A **Dilemas ortográficos: verbos.** *¿Sabe Ud. de memoria las siguientes formas verbales?*

Verbo	Presente	Pretérito	Mandato
1. distinguir	yo _____	él _____	Ud. _____
2. recoger	yo _____	ellos _____	Uds. _____
3. traducir	yo _____	tú _____	Ud. _____
4. convencer	yo _____	nosotros _____	Uds. _____
5. santiguar	yo _____	Uds. _____	Ud. _____
6. rejuvenecer	yo _____	ellos _____	Ud. _____
7. reducir	yo _____	Ud. _____	Ud. _____
8. perseguir	yo _____	Uds. _____	Ud. _____
9. acoger	yo _____	tú _____	Ud. _____
10. amenguar	yo _____	él _____	Ud. _____
11. encoger	yo _____	ellas _____	Ud. _____
12. comenzar	yo _____	yo _____	Ud. _____

B **Ortografía: el superlativo.** *Escriba el superlativo absoluto de los adjetivos contenidos en las frases siguientes.*

1. una vecina locuaz _____

2. unas instrucciones bruscas _____

3. unas niñas tercas _____

4. una contestación mordaz _____

5. una voz ronca _____

6. un veneno tóxico _____

7. un chiste soez _____

8. una réplica parca _____

9. un hombre hidalgo _____

10. unos mariscos frescos _____

C **Ortografía: correspondencias frecuentes.** *Escriba los equivalentes españoles de las siguientes palabras.*

    1. specialty _____

    2. physiology _____

    3. imminent _____

    4. strident _____

    5. professor _____

    6. theory _____

    7. possession _____

    8. immoral _____

    9. psychoanalysis _____

    10. transposition _____

    11. scorpion _____

    12. hydraulic _____

    13. stamp _____

    14. therapy _____

    15. sculpture _____

D **¿Otra vida?** *Ud. acaba de saber que se ha anunciado su muerte erróneamente y que todos creen que está difunto/a. Esto le proporciona una oportunidad de rehacer su vida, de cambiar los resultados de decisiones tomadas antes. ¿Qué va a hacer? ¿Qué le gustaría cambiar? ¿Adónde va a ir? ¿Por qué? Si le satisface su vida tal como es y no quiere cambiarla, explique por qué está satisfecho/a ahora.*

_____

_____

_____

_____

_____

_____

_____

_____

_____

_____

_____

_____

_____

_____

_____

_____

E **Semejanzas y distinciones.** *Las líneas 9-18 del cuento «Muerto y resucitado» se refieren al caso de un «muerto» que los «tozudos y antipáticos médicos» resucitaron después. Hasta cierto punto, lo mismo le pasa a Juan Pérez. ¿Cuáles son las semejanzas entre los dos casos? ¿Cómo son diferentes?*

_____

_____

_____

CAPÍTULO 1

CAPÍTULO 2

2.1 LECTURA

«La casa nueva» (Silvia Molina)

A **Un resumen.** *Complete el párrafo siguiente con los vocablos presentados a continuación.*

acojinada	los camellones	lisitas	el restirador	la suerte
arrullaría	una colonia	recámara	una rifa	el trayecto
la amplitud	de caracol	recién	rodó	un vestidor
la azotea	intimidad	repletos	un soñador	

Para convencer a su mamá de que no debe contar con **(1)** _____, la narradora le cuenta un recuerdo suyo de un día que visitó **(2)** _____ nueva con su papá, quien, para ella, no era **(3)** _____, sino un enfermo. La narradora recuerda **(4)** _____ de ese día desde San Rafael hasta Anzures. Le llamaron la atención **(5)** _____, que estaban **(6)** _____ de flores cuyos nombres ella ignoraba. También se acordaba de **(7)** _____ y de la limpieza de las calles que le gustaban tanto. No quería pensar en la falta de **(8)** _____ en la casa en San Rafael. Por fin, padre e hija se detuvieron delante de una casa que parecía **(9)** _____ pintada. Entraron y fueron de cuarto en cuarto, la narradora, encantada por todo lo que veía: su propia **(10)** _____, un baño con una tina que la **(11)** _____, la habitación de sus padres con

(12) _____, (13) _____ en el techo de la casa y el cuarto al cual estaba destinado (14) _____ de su padre. Hasta se imaginó la llegada del resto de la familia a la casa nueva y la impresión que le iban a dar las paredes (15) _____, la sala (16) _____ y las escaleras (17) _____. Pero luego un guardia les dijo que era hora de cerrar, y la manera brusca del hombre espantó tanto a la chica que ella casi (18) _____ por las escaleras. Sólo entonces la muchacha se dio cuenta de que su papá no había comprado la casa aún, sino que contaba con ganar (19) _____ para tenerla.

B **Asociaciones.** *Escoja la palabra o frase que no tenga relación con las otras dos.*

		a	b	c
1.	_____	colonia	zona residencial	parada
2.	_____	motocicleta	camión	autobús
3.	_____	mandar	recorrer	viajar por
4.	_____	repleto	lleno	redondo
5.	_____	trayecto	rumbo	viaje
6.	_____	sala	recámara	habitación
7.	_____	rifa	arma	sorteo
8.	_____	de caracol	torcido	espiral
9.	_____	enrollar	retorcer	cubrir
10.	_____	por poco	tan pronto como	apenas
11.	_____	techo	azotea	látigo
12.	_____	nueces	mejillas	cachetes
13.	_____	cortar	rezongar	repelar
14.	_____	arrullar	tranquilizar	arrebatar
15.	_____	intimidad	privacidad	particularidad

SECCIÓN GRAMATICAL

Ser / Estar

A **¿Acción o resultado?** *a) Escriba una oración con «ser» o «estar» que indique acción o resultado. b) Exprese en inglés su oración.*

Modelo: puerta / abrir

a) acción: La puerta fue abierta por el guardia.
resultado: La puerta todavía está abierta.

b) The door was (being) opened by the guard.
The door is still open.

1. espejo / romper

a) _____

b) _____

2. vídeo / conectar

a) _____

b) _____

3. estrella de cine / escoger / por el director famoso

a) _____

b) _____

4. la filmación / suspender / indefinidamente

a) _____

b) _____

5. crimen / resolver

a) _____

b) _____

B **Ser y estar y ¿qué preposición?** *Complete las siguientes oraciones con la forma apropiada de «ser» o «estar» en el pasado y la preposición adecuada según el contexto.*

La actriz **(1)** _____ vestida _____ rojo para el estreno de la película de su rival, pero como **(2)** _____ la primera _____ llegar al cine, poca gente la vio. Ella no **(3)** _____ muy aficionada _____ las películas de ciencia ficción pero **(4)** _____ disgustada _____ el hecho de no tener un papel en la película. Por fin el cine **(5)** _____ lleno _____ gente y proyectaron la película. En la película, la población de la Tierra **(6)** _____ enemistada _____ una raza de extraterrestres que **(7)** _____ decidida _____ destruir el mundo. La heroína (la rival de nuestra actriz molesta) **(8)** _____ encargada _____ vigilar la base donde había un arma secreta, un aparato que **(9)** _____ capaz _____ proteger el planeta de cualquier ataque. La mujer también **(10)** _____ responsable _____ la seguridad de los medios de comunicación entre los varios ejércitos de la Tierra, pero desgraciadamente **(11)** _____ enamorada _____ un traidor que **(12)** _____ dispuesto _____ engañar a su novia para ayudar a los extraterrestres. Pero, al final, engañarla **(13)** _____ imposible _____ hacer porque ella **(14)** _____ lista _____ tomar cualquier decisión necesaria para salvar al mundo, hasta la de condenar a su novio. Al final el planeta **(15)** _____ libre _____ la amenaza de los extraterrestres y la heroína **(16)** _____ rodeada _____ sus verdaderos amigos. «¡Qué estupidez!» —pensó con envidia la actriz, pero lo peor fue que en la última escena, ¡la mujer llevaba un vestido rojo que **(17)** _____ idéntico _____ la ropa que tenía puesta la pobre actriz desempleada!

C **Cambios de sentido.** *Traduzca las siguientes frases al español, teniendo cuidado con escoger la forma apropiada de «ser» o «estar».*

1. Norma is usually so quiet, but tonight she won't stop talking!

   _____

2. Rafael and Héctor are very hardworking and conscientious employees.

   _____

3. Marco, why aren't you ready to leave for school?

   _____

4. Ana is very interested in studying biology.

   _____

5. After cleaning the house for hours, everything is like new.

   _____

6. This is a flourishing business and it is safe to invest money in it.

   _____

7. The color of this paint is too bright to use in the dining room.

   _____

8. This movie is so entertaining because the actors perform well.

   _____

9. Adán is a very cold person and that's why he has few friends.

   _____

10. It's three o'clock and Sara is still awake because of the noise her neighbors are making.

    _____

D ¿**Ser o estar?** *Complete las siguientes oraciones con la forma apropiada de «ser» o «estar» en el tiempo verbal que convenga o en el infinitivo.*

1. Estos discos **a)** _____ míos; los tuyos **b)** _____ allí. ¿No los ves?

2. No puedo **a)** _____ en clase hoy porque tengo que ir a una boda que **b)** _____ en Filadelfia.

3. Pilar dice que tú **a)** _____ mayor que ella. **b)** ¿_____ cierto?

4. Madonna siempre **a)** _____ sensual en toda su carrera de cantante, pero en este vídeo, **b)** ¡_____ sensualísima! Su canción **c)** _____ muy interesante también.

5. —¿A qué hora **a)** _____ la fiesta de Mónica el fin de semana que viene?

   —No sé ni me importa, porque **b)** _____ peleada con ella.

6. Hoy la comida de la cafetería _____ tan mala como siempre.

7. Cuando entramos en la capilla, vimos que doña Inés ya _____ arrodillada y rezaba silenciosamente.

8. El vendedor me dijo que la chaqueta que le iba a comprar **a)** _____ de cuero, pero **b)** _____ obvio que me **c)** _____ mintiendo.

9. Este año ninguno de mis profesores sabe nada ni **a)** _____ vivo: todas mis clases **b)** _____ muy aburridas.

10. La familia de José **a)** _____ de Puerto Rico, pero ahora **b)** _____ en Nueva York.

11. Para Sara, el clima de Wisconsin **a)** _____ muy frío; ella **b)** _____ una persona friolenta.

12. Esta película **a)** _____ muy parecida a la que vimos anteayer;

    b) ¡_____ tan llena de tonterías!

13. Llegamos anoche y ahora **a)** _____ aquí para asistir a la

    asamblea estatal que va a **b)** _____ mañana.

14. Esas estudiantes van a _____ estudiando todo el día.

15. No me gustan esas puertas porque _____ pintadas

    de blanco y azul.

16. Este joven _____ amable; siempre nos ayuda con el coche.

17. La fiesta de anoche _____ preparada por el comité.

18. Los alumnos _____ muchos y no hay suficientes

    sillas.

19. Las ventanas _____ rotas hace cinco años.

20. La graduación va a _____ el lunes que viene.

21. La casa donde vives _____ del señor Rivas, ¿verdad?

22. Yo **a)** _____ muy contenta con mi suerte porque no

    b) _____ ambiciosa.

23. Generalmente mi prima Sofía **a)** _____ muy alegre, pero ahora

    b) _____ triste porque su novio **c)** _____ en la cárcel.

24. Sí, Jorge **a)** _____ muy listo y también **b)** _____

    vivo, pero muchas veces yo **c)** _____ molesto por las

    tonterías que hace.

25. Lupe me ofreció varias prendas (*articles of clothing*), pero todas

    a) _____ viejas y **b)** _____ pasadas de moda.

26. Ese Pepe lo entiende todo: ¡qué despierto _____!

27. Ya **a)** _____ tarde y todos **b)** _____

    muertos de hambre cuando terminamos de jugar al tenis ayer.

28. No puedo tomar más de esta sopa porque _____ fría.

29. El portero **a)** _____ responsable de cerrar las puertas a media-

    noche, pero cuando pasamos por la casa de apartamentos anoche a las doce,

    b) _____ abiertas de par en par (*wide open*).

30. Mi colección de estatuillas (*figurines*) Lladró _____ casi com-

    pleta; sólo le falta una.

31. ¡Qué pálida _____ Juanita en la fiesta de anteanoche!

32. Ese retrato (*portrait*) _____ pintado por un famoso pintor

    del Siglo XVII.

33. María _____ enemistada con Pedro desde que él salió

    con la compañera de cuarto de ella.

34. Lo siento, no contesté el teléfono anoche porque _____

    bañándome.

35. Luis _____ muy interesado; sólo piensa en sí mismo.

36. En 1969, los EE. UU. _____ el primer país en mandar a un

    hombre a la luna.

37. ¿De quién **a)** _____ esos guantes que **b)** _____

    en la mesa?

38. La niña **a)** _____ mala; **b)** _____

    calenturienta y tosía constantemente.

A **Expresiones con las partes del cuerpo.** *A continuación se presenta una lista de expresiones con las partes del cuerpo. Escriba en el espacio en blanco de la frases que siguen la letra que corresponde a la expresión que las complete mejor.*

boca
a. andará de boca en boca

b. se me hace la boca agua

c. se quedó con la boca abierta

brazo
d. brazo derecho

e. cruzarse de brazos

cabeza
f. me rompo la cabeza

cara
g. echar en cara

h. tiene cara de pocos amigos

codo
i. tiene el codo duro

diente
j. hablar entre dientes

k. tiene buen diente

mano
l. al alcance de la mano

m. dar una mano

n. cogieron con las manos en la masa

ojo
ñ. cueste un ojo de la cara

o. mira con buenos ojos

pelo
p. con pelos y señales

q. le tomes el pelo

pie
r. anda con pies de plomo

s. dar pie con bola

1. No puedo encontrar ninguna solución aunque _____ tratando de resolver mis problemas económicos.

2. Nunca tengo problemas con darle de comer a mi marido porque _____; come de todo.

3. No sé qué haría si Ramón no me ayudara en los negocios. Es mi _____.

4. Sara es muy desconfiada y siempre _____ en cualquier situación social.

5. Si le dices a Javier lo de Elena, pronto la noticia _____ porque él es incapaz de guardar un secreto.

6. ¿Qué le pasa a don José? Parece muy distraído y lo oí _____.

7. Manuel, mi coche no funciona y necesito ayuda para arreglarlo. ¿Me puedes _____?

8. No sé que le he hecho a Matilde, pero ya no me _____.

9. No le preguntes a Jorge qué tal fueron sus vacaciones. Si se lo preguntas, estarás escuchándolo por una hora por lo menos, porque lo cuenta todo _____.

10. No conozco a ese señor, pero dudo que sea simpático porque _____.

11. Es inútil pedirle una donación a ese avaro porque _____ y no le sacarás nada.

12. Héctor es muy perezoso. Mientras todos sus compañeros de trabajo están ocupados, él no hace más que _____.

13. La comida de mi mamá sabe a gloria. Sólo con pensar en lo que nos va a preparar esta noche _____.

14. Hoy todo me sale al revés. No sé por qué no puedo _____.

15. Pepe, sé bueno y no _____ tanto a tu hermanita, porque la pobre está indefensa y tú eres su hermano mayor.

16. Cuando le dijeron a Inés que la iban a ascender a gerente, _____.

17. Una ventaja de tener teléfono celular es que siempre está _____.

18. Respondiendo a la alarma antirrobo, los policías entraron sigilosamente en la joyería y _____ al ladrón.

19. Vamos a comprar una casa nueva el año que viene aunque nos _____.

20. ¡Qué vergüenza! No le debiste _____ su divorcio a Ana. ¡No es como si todo anduviera bien entre tu esposo y tú!

B **¿Saber o conocer?** *Complete las siguientes oraciones con la forma de «saber»*
o «conocer» que corresponda según el contexto. Tenga cuidado con el tiempo
verbal que use.

1. Yo **a)** _____ al profesor Álvarez, pero no **b)** _____ qué

   enseña.

2. ¡Esas chicas _____ bailar muy bien!

3. Carlota no **a)** _____ que José iba a pedirle que se casara

   con él. Cuando lo **b)** _____, se puso loca de alegría.

   c) ¿_____ tú cuándo se **d)** _____ los dos?

4. Dicen que la carne de tiburón **a)** _____ a pollo, pero todos

   b) _____ bien que eso es imposible.

5. Inés es muy atlética: _____ jugar al fútbol y al béisbol

   muy bien.

6. Nosotros no **a)** _____ bien esta zona.

   b) ¿_____ Uds. dónde podemos comprar un mapa?

7. ¿Por qué no _____ Uds. la lección para hoy?

8. —**a)** ¿_____ (tú) algo? Héctor piensa invitarte al baile de

   este fin de semana.

   —¿Héctor? Yo no **b)** _____ a ningún Héctor.

9. ¿_____ (tú) a los vecinos de Ángela?

10. Quiero **a)** _____ a la prima de mi compañero de cuarto

    porque es bonita, simpática y muy rica, pero **b)** _____ que eso es

    imposible porque vive en Alemania.

11. Elena, ¿_____ (tú) si Héctor es buena gente?

12. Matilde quería **a)** _____ quién era el chico que

b) _____ tocar el saxófono tan bien, pero parecía que

nadie **c)** _____ al muchacho.

13. José no **a)** _____ reparar autos pero sí **b)** _____

mantenerlos.

14. Sí, Luisa **a)** _____ muy bien las novelas de Galdós y le

gusta recitar unos trozos (*passages*) que **b)** _____ de memo-

ria.

15. Yo no _____ qué voy a hacer este fin de semana.

16. Ellos no **a)** _____ Salamanca, pero

b) _____ mucho de la historia de esa ciudad tan antigua.

17. Raquel se había puesto tan gorda que yo no la _____

cuando la vi hace dos días.

18. Necesitamos comprar unos libros de texto, pero no _____

dónde está la librería.

19. Oí que Sara y José se **a)** _____ por primera vez en

una fiesta. **b)** ¿_____ tú si eso es cierto o no?

20. Jorge lee constantemente; **a)** _____ la obra de muchos

novelistas y hasta **b)** _____ de memoria capítulos enteros.

21. ¿_____ Ud. esta ciudad? Soy turista y estoy perdido.

22. No **a)** _____ que nuestra vecina había muerto

hasta leerlo en el periódico. ¿Cuándo **b)** _____ tú la

noticia, la semana pasada?

23. Una mañana Carmen cambió su peinado (*hair do*) tanto que nadie la

_____ cuando entró en la oficina ese día.

24. Ricardo anda diciendo que **a)** _____ a Jay Leno, pero yo **b)** _____ que Ricardo es la persona más mentirosa que **c)** _____ y no le creo nada.

25. —¿Quién preparó este pastel? **a)** ¡_____ a gloria! ¡Voy por otro trozo (*slice*)!

—María lo preparó. Ella **b)** _____ cocinar de maravilla. ¡Tráeme otro trozo a mí también!

2.4 | P A R A   E S C R I B I R   M E J O R

La acentuación

A **El silabeo.** *Divida en sílabas las siguientes palabras, luego subraye la sílaba tónica (*stressed syllable*).*

Modelo: c í r / c u / l o

1. q u i e n q u i e r a

2. s u r r e a l i s m o

3. i r r e a l i z a b l e

4. G r o e n l a n d i a

5. o r g á n i c o

6. f o t o g r a f í a

7. e s p e c i a l i z a c i ó n

8. c o n t e m p o r á n e o

9. q u i n i e n t o s

10. n e u t r a l i d a d

11. p a r e n t e s c o

12. i r r e s p o n s a b i l i d a d

13. c o m p r e n s i ó n

14. i m p e r t u r b a b l e

15. h e l i c ó p t e r o

16. m i l l o n a r i o

17. g u b e r n a m e n t a l

18. l i m p i a c h i m e n e a s

19. i n d o e u r o p e o

20. c o n s t r u c c i ó n

B **La acentuación.** *Divida en sílabas las palabras siguientes, luego escriba un acento ortográfico si es necesario: la vocal subrayada de cada palabra es la tónica.*

Modelos: h e / r r a / m i e n / t a s   (no se necesita acento ortográfico)

á / n i / m o   (se necesita acento ortográfico)

1. A m e r i c a	17. p e n u l t i m o	33. s o n a m b u l o
2. s e l v a s	18. e n v i d i a	34. d e u d a
3. a q u i	19. e n v i o	35. f a r m a c i a
4. p e l i c u l a	20. e n v i e	36. e s t r e l l a
5. c a f e c i t o	21. m a i z	37. i n s t r u m e n t o
6. p u e b l o	22. d i s t r a i d o	38. p r o b l e m a
7. a n d a l u z	23. v i e n t o	39. l e i a i s
8. d e s e m p l e o	24. b a u t i s t a	40. p o r t u g u e s e s
9. p r a c t i c a	25. m i e m b r o	41. d e m o c r a c i a
10. M a r q u e z	26. e s d r u j u l a	42. d e m o c r a t a
11. a g u i l a	27. D i o s	43. c a r a c t e r
12. a n g e l	28. d i a s	44. c a r a c t e r e s
13. c a i m a n	29. r e l i g i o n	45. a l g o d o n
14. h i s p a n i c o	30. c o n s t a n t e	46. c o n s t r u i
15. p a i s	31. d e s p u e s	47. c o n t i n u o
16. a d e m a n	32. a l r e d e d o r	48. c o n t i n u o

49. s a r t e n

50. f a n f a r r o n

51. p s i c o l o g i a

52. i n c r e i b l e

53. e s p a r r a g o s

54. a m a b i l i s i m o

55. n o r o e s t e

56. t a m b o r

57. a l g a r a b i a

58. i s r a e l i t a

59. c h i l l o n

60. b a u l

61. c o n e x i o n e s

62. a l e m a n

63. a l e m a n e s

64. r i o

65. r i o

66. e x a m e n

67. e x a m e n e s

68. r e g i m e n

69. r e g i m e n e s

C **Recuerdos de la niñez.** *En «La casa nueva» se describe un día de la niñez que la narradora, ya más madura, todavía recuerda vívidamente. Describa un evento de la niñez de Ud. que le es imposible olvidar también. ¿Qué pasó? ¿Por qué aún lo recuerda en detalle? ¿Aprendió algo de la experiencia? ¿Qué?*

_____

_____

_____

_____

_____

_____

D **¿Realidad o ilusión?** *En «La casa nueva» se contrastan la realidad y la ilusión, el mundo como es con el que tal vez quisiéramos que fuera. Señale Ud. los elementos realistas y los ilusorios del cuento. El recuerdo de la narradora, ¿es de una ilusión realista o de una realidad ilusoria? Refiriéndose al cuento, explique su opinión.*

_____

_____

_____

_____

_____

_____

_____

CAPÍTULO 3

3.1 LECTURA

«El Hombre de Plata» (Isabel Allende)

A **Un resumen.** *Complete el párrafo siguiente con los vocablos presentados a continuación.*

agudo	leña	pavor	se recortaban
chamuscado	madrugaron	la planta	tambaleándose
los escolares	la modorra	resplandor	tibieza
espantados	la nave	se había posado	se tornó
fundo	palo	se hacía oscuro	torcida
gemir			

Juancho, acompañado de su perra "Mariposa", asistía a la escuela y después volvía

al **(1)** _____ de sus padres, no importaba el tiempo que hiciera, y las

fi-guras de los dos **(2)** _____ en el camino. Mientras Juancho estaba

en clase, la Mariposa lo esperaba hasta que **(3)** _____ salían al fin

del día y la perra se sacudía **(4)** _____ y empezaba a buscar a su

amo antes de regresar a casa con él. Una tarde, rumbo a casa los dos,

(5) _____ y la Mariposa se inquietó y empezó a **(6)** _____.

Juancho tuvo miedo también y echó a correr, pero los dos se detuvieron al llegar a

una encina **(7)** _____ porque vieron un platillo volador, del que salía un

(8) _____ anaranjado. La curiosidad le ganó al miedo del muchacho

y él y su perra se acercaron a **(9)** _____ espacial. En ese momento la luz anaranjada **(10)** _____ de un azul intenso y se oyó un silbido

(11) _____. La Mariposa su durmió y Juancho se quedó

(12) _____. Luego el chico vio acercarse a un Hombre de Plata y

sintió **(13)** _____, pero resultó que el Hombre de Plata sólo quería cono-

cerlo. Los tres entraron en el platillo volador y Juancho se encontró en lo que

parecía un túnel, lleno de luz y **(14)** _____. Un sueño le empezó a subir

al chico desde **(15)** _____ de los pies y se durmió. Mucho más tarde,

Juancho y la Mariposa se despertaron **(16)** _____, pero el platillo volador

se había ido. Los dos corrieron a casa, pero cuando llegaron, la mamá de Juancho le

riñó por llegar tarde y le amenazó con la cuchara de **(17)** _____ de la

cocina. El papá del chico la calmó, pero ninguno de sus padres quiso escuchar el

cuento de su hijo. A la mañana siguiente Juancho y su padre **(18)** _____

para buscar **(19)** _____ y las botas perdidas de Juancho. No las encon-

traron, pero sí notaron el pasto **(20)** _____ que parecía el sitio donde

(21) _____ un peso enorme.

B **Asociaciones.** *Escoja la palabra o frase que no tenga relación con las otras dos.*

	a	b	c
1. _____	extrañado	perdido	intrigado
2. _____	de a poco	al poco rato	más tarde
3. _____	cuchillo	embarcación	nave
4. _____	en el aire	en vilo	de balde
5. _____	hermandad	lealtad	fidelidad
6. _____	mochila	bolsón	caja
7. _____	gritar	llorar	gemir
8. _____	recortarse	sobresalir	irse
9. _____	luz	prisa	resplandor
10. _____	fantasma	aparecido	presente
11. _____	volverse	parecerse	tornarse

12.	_____	palo	madera	cubo
13.	_____	tristeza	pavor	miedo
14.	_____	deliberar	sentir	oír
15.	_____	descalzo	cocinado	a pata pelada
16.	_____	enarbolar	levantar	torcer
17.	_____	a la vuelta de	al doblar	a derechas
18.	_____	dibujar	posar	descansar
19.	_____	fundo	finca	sótano
20.	_____	poco ágil	lento	torpe

3.2   S E C C I Ó N   G R A M A T I C A L

Verbos como «gustar»

A   **Viejo y a pie.** *Exprese en español las expresiones que se dan entre paréntesis.*

¡Ay! ¡Cómo **(1)** (hurt me) _____ los pies! Y todavía

(2) (there remain) _____ muchos kilómetros para llegar a la

casa de mi sobrina. **(3)** (I would like) _____ verla antes de su

partida, pero **(4)** (it seems to me) _____ que **(5)** (it will be

very hard for me) _____ llegar pronto a su casa.

Desgraciadamente, **(6)** (I don't have... left) _____ suficiente

tiempo para eso. ¡Ojalá pudiera volar! ¡Eso sí que **(7)** (would surprise her)

_____! ¡Y a mí¡ **(8)** ¡(I would love it)

_____! Pero, hay que confesar que

(9) (I have... in excess) _____ peso para eso. Aunque

(10) (it turns out to be... for me) _____ penoso, no

podremos despedirnos.

B **Escoja y conjugue.** *Según el contexto de las siguientes frases, escoja el verbo de la lista que mejor corresponda a cada espacio en blanco y conjúguelo. Tenga cuidado con el tiempo verbal que use y no olvide incluir los pronombres de objeto directo o indirecto necesarios.*

caer	costar	doler	faltar	fascinar
molestar	parecer	poner	quedar	tocar

1. No, yo lavé los platos la semana pasada, Rosita. A ti _____ lavarlos esta semana.

2. A mí _____ estupendo que el invierno se acabe por fin.

3. _____ diez minutos para las dos e Isabel no había llegado todavía.

4. ¿A Uds. _____ los niños maleducados? Yo no los aguanto (*put up with*).

5. A Inés y a Ricardo _____ las películas de Almodóvar y no se han perdido ni una.

6. Después de que el Sr. Ortiz perdió su empleo, a los Ortiz no _____ bastante dinero para poder hacer el viaje que hacía tanto que planeaban.

7. Cuando Silvia conoció por primera vez a Javier, el hombre con quien iba a casarse, _____ muy mal.

8. Desde que era joven, a mí siempre _____ trabajo levantarme temprano.

9. A muchos estudiantes _____ nerviosos el pensar en los exámenes.

10. Cuando David se despertó la mañana después de la borrachera, _____ mucho la cabeza y el estómago.

C **Exprésrelo de otra manera.** *Vuelva a escribir las siguientes frases, empleando verbos como «gustar» para expresar la misma información que contienen las oraciones originales.*

Modelo: Para mí es encantador dormir tarde los sábados por la mañana.

Me encanta dormir tarde los sábados por la mañana.

1. Las reglas de gramática son muy interesantes para nosotros.

_____

2. Para mí son importantes los derechos civiles de todos los ciudadanos.

_____

3. Tener que estacionar muy lejos de la universidad es muy molesto para Luis y Esteban.

_____

4. Sé que para ustedes la limpieza del medio ambiente es una gran preocupación.

_____

5. Para mí es fascinante la idea de la inteligencia artificial.

_____

6. Montar en bicicleta durante el verano es encantador para nosotros.

_____

7. Ernestito y Gustavito tenían miedo de estar en casa solos durante una tormenta.

_____

8. Los chóferes que manejan por encima del límite de velocidad me ponen extremadamente enojado.

_____

D **En este momento.** *Conteste las siguientes preguntas, revelando sus reacciones personales a sus circunstancias actuales.*

1. ¿Qué es lo que más le disgusta de la universidad?

   _____

2. ¿Qué le encantaría hacer ahora mismo?

   _____

3. Pero, ¿qué le conviene más hacer en estos momentos?

   _____

4. ¿Qué le hace falta para ser feliz ahora?

   _____

5. ¿Qué le molesta, particularmente, de sus padres en estos días?

   _____

6. ¿Qué aspecto de su propia conducta le preocupa más ahora?

   _____

7. ¿Qué parte de su vida estudiantil le cuesta más trabajo?

   _____

8. ¿Qué profesor/a le cae especialmente pesado/a?

   _____

9. ¿Qué le sobra ahora: peso, dinero, trabajo, etc.?

   _____

10. ¿Qué le sorprende más de las noticias de hoy?

_____

E **Verbos como «gustar».** *Complete las siguientes frases, conjugando en el indicati-vo el verbo que se da entre paréntesis. Tenga cuidado con el tiempo verbal que use; cada contestación debe incluir un pronombre de complemento directo o indirecto.*

1. Creo que podemos descansar un poco ahora porque (sobrar)

_____ tiempo para tener hecho nuestro

proyecto.

2. A mí **a.** (resultar) _____ penoso tener que

despedir a José, pero no **b.** (quedar) _____

otro remedio porque José hacía todo al revés. A José **c.** (hacer falta)

_____ prestarles más atención a sus obligaciones,

pero nunca cumplió con su deber (*fulfilled his responsibilities*) y por eso lo

tuve que despedir.

3. ¿A ti no (extrañar) _____ que Sara y

Rebeca hayan tardado tanto en llegar?

4. Cuando conocí a Estefan y a su familia, (caer) _____

bien. Sólo más tarde supe que eran traficantes de drogas.

5. A las hermanas de Gilberto (poner) _____ preo-

cupadas la manera inapropiada en que él gasta el dinero.

6. Cuando me desperté ayer, noté que (doler) _____ el

brazo y no sabía por qué.

7. ¿A Uds. no (encantar) _____ el tiempo que

hace en primavera?

8. A mis vecinos (poner) _____ muy irritados el ruido que hacen mis hijos.

9. Mi mamá sufría de artritis y (doler) _____ constantemente las rodillas.

10. A nosotros (faltar) _____ sólo dos millas para llegar a casa cuando una llanta tuvo un pinchazo.

11. A mí **a.** (costar) _____ bastante trabajo terminar mi composición a tiempo, pero la pude escribir aunque no **b.** (sobrar) _____ tiempo para poder revisarla.

12. A Luisa **a.** (caer) _____ muy mal el primo de su novio porque el chico no dijo nada más que groserías cuando ella lo conoció. Claro, a ella **b.** (disgustar) _____ las palabrotas (*swear words*) que oyó.

13. Desde niño a mí siempre (fascinar) _____ eso de que los aviones puedan volar: ¡no es nada más que aire lo que los sostiene!

14. A esos estudiantes (convenir) _____ estudiar más e ir a fiestas menos, porque sus notas son malísimas.

Usos especiales del pronombre de complemento indirecto

F **¿Qué le ocurre?** *Invente oraciones originales combinando los elementos de las dos columnas, según se indica.*

1. rompérseme	**a)** tarde
2. morírseme	**b)** torta
3. hacérsele	**c)** perro
4. quemársenos	**d)** idea
5. olvidársete	**e)** platos
6. ocurrírseles	**f)** chistes

1. 1-e: _____

2. 2-c: _____

3. 3-a: _____

4. 4-b: _____

5. 5-f: _____

6. 6-d: _____

G **¡No tuve la culpa!** *Vuelva a escribir las frases siguientes, empleando el pronombre «se» para expresar el carácter involuntario de la acción, el pronombre de complemento de objeto indirecto apropiado y la forma adecuada de los verbos que se dan entre paréntesis. Fíjese bien en el tiempo verbal de la frase original.*

Modelo: Pedro rompió la ventana. (romper)

A Pedro se le rompió la ventana.

1. Marcos olvidó traer la tarea a clase. (olvidar)

_____

2. Los trabajadores dejaron caer el piano y lo rompieron. (caer / romper)

_____

3. No puedo pensar en la palabra que necesito para esta frase. (escapar)

_____

4. Laura soltó los caballos y los perdió. (soltar / perder)

_____

5. Marisol y Javier trabajaban con el ordenador cuando dejó de funcionar. (descomponer)

_____

6. No pensé en pedirle más tiempo al profesor para mi proyecto de clase. (ocurrir)

_____

7. Como bailaba tan enérgicamente, Reinaldo rompió los pantalones. (romper)

_____

8. Durante el examen, ¿olvidaste las formas irregulares del pretérito? (olvidar)

_____

9. No pudimos entrar en casa porque dejamos la llave adentro. (quedar)

_____

10. Dejé caer el cigarrillo encendido y quemé el mejor mantel de mi mamá. (caer / quemar)

_____

Uso de la construcción «hace que»

H **La cronología de Susana y su mascota.** *Estudie la siguiente cronología y, luego, conteste las preguntas basadas en ella.*

1983 (octubre): Nací en Madrid.

1985 (diciembre): Mi familia se trasladó a Barcelona.

1989 (septiembre): Comencé a asistir a la escuela.

1991 (julio): Mi padre me regaló un pastor alemán llamado Duque.

1991 (agosto): Descubrí que "Duque" era "Duquesa".

1993 (junio): Duquesa dio a luz (cuatro cachorros).

1993 (agosto): Les regalé los cuatro a diferentes amigos.

1997 (noviembre): Tuve que vender a Duquesa porque nos trasladamos a Sevilla.

1. ¿Cuánto tiempo hacía que Susana vivía en Madrid cuando su familia se trasladó a Barcelona?

_____

2. ¿Cuántos años llevaba Susana en Barcelona cuando comenzó a asistir a la escuela?

_____

3. ¿Cuántos años hacía que Susana vivía en Barcelona cuando su padre le compró a Duque?

_____

4. ¿Cuánto tiempo hacía que vivían los cuatro cachorros cuando Susana se los regaló a sus amigos?

_____

5. ¿Cuántos años hace que Susana y su familia se trasladaron a Sevilla?

_____

I **¿Cuánto tiempo hace?** *Vuelva a expresar la información de las frases abajo empleando la fórmula* **hace** + **tiempo** + **que** + **verbo**. *Tenga cuidado con el tiempo verbal que use y tenga en cuenta el sentido de la información presentada.*

1. Empecé a trabajar de maestro en 1979. En 2004 todavía daba clases.

_____

2. El 4 de abril terminamos el capítulo 2. Hoy es el 8 de abril.

_____

3. Los Muñoz se mudaron a Quito en 2000. La familia vive en esa ciudad todavía.

_____

4. Héctor llegó a la fiesta a las 10 de la noche. A las 2 de la madrugada estaba allí todavía, medio borracho.

_____

5. Luisa y José se mudaron a Santander en 1985. Todavía vivían allí en 1995.

_____

6. Raquel se acostó a las 11:00, pero no pudo dormirse. Ya son las 2:30 y todavía no se ha dormido.

_____

7. Visitamos a los Hernández el primero de enero. No los hemos visto desde esa fecha.

_____

A **Los nombres de los sonidos.** *Escriba el nombre del sonido basado en los infinitivos siguientes, según los modelos.*

Modelo: infinitivo ➔ -ido

1. chiflar (to whistle): _____

2. gañir (to yelp): _____

3. bramar (to roar): _____

4. pitar (to blow a whistle): _____

5. graznar (to honk [geese]): _____

6. estallar (to explode): _____

7. balar (to bleat [sheep]): _____

Modelo: infinitivo ➔ -eo

8. sisear (to hiss): _____

9. canturrear (to hum a song): _____

10. jadear (to pant): _____

B **Equivalentes en español de la palabra «top».** *Complete las oraciones siguientes con la expresión adecuada según la información presentada entre paréntesis. Use una contracción cuando sea necesario.*

1. Llegar a (the top) _____ del Everest es sumamente difícil y peligroso, hasta para los alpinistas más expertos.

2. De niño, a mi hermana y a mí nos encantaba trepar hasta **a.** (the top) _____ del roble que estaba en el patio. Unos años más tarde, una

tormenta derrumbó el árbol, que cayó **b.** (on top of the) _____

garaje y se aplastó **c.** (the top) _____ del coche.

3. El artículo del periódico que yo buscaba no se encontraba al pie de la página,

sino en (the top) _____.

4. La semana pasada fuimos al circo y dentro de una de **a.** (the circus tents)

_____ vimos a un mago sacar un conejo de un **b.** (top hat)

_____.

5. Nuestro candidato preferido salió (on top) _____ en las últi-

mas elecciones.

6. El policía miró (from top to bottom) _____ al

desconocido de aspecto sospechoso.

7. Mañana vamos a salir para Barcelona en coche y es importante que el tanque

esté (full to the top) _____ de gasolina.

8. ¡Qué carrera la suya! Hace sólo quince años que Carlos empezó a trabajar

en la sala de correo de esa empresa, pero ahora gana (top salary)

_____.

9. La posición exacta de los submarinos nucleares es (top secret)

_____.

10. No sé por qué, pero casi todos en mi familia usamos (the top drawer)

_____ de la cómoda para guardar cosas sueltas, no

para guardar ropa.

11. Te va a gustar mucho este restaurante, es **a.** (the top)

_____ de la ciudad; la comida es exquisita y el servicio

es **b.** (tops) _____ también.

12. Guille, si no le pones **a.** (the top) _____ a esa caja de

juguetes, es muy probable que se te pierdan muchos de tus **b.** (tops)

_____ si te tropiezas con ellos al andar.

13. Lavar el coche es (at the top) _____ en mi lista de que-

haceres para este fin de semana.

3.4 PARA ESCRIBIR MEJOR

El acento diacrítico. *Las frases de los diálogos siguientes resultan confusas porque faltan los acentos ortográficos y diacríticos necesarios. Escríbalos para que se aclaren los diálogos.*

A **Falta un mensaje.**

—Perdon. Ese señor quiere que Ud. le de el segundo mensaje y no este.

—¿De que mensaje me habla? No se nada de ningun otro mensaje, solo que aun ha llegado uno solo.

—Pues, el dice que si, que se le mando otro. Si Ud. no lo tiene, entonces ¿quien?

—Eso lo sabra Dios. Creo que Ramon ha recibido 5 o 6, aun mas que yo sepa; preguntale a el, no a mi, para ver donde ha parado el segundo. ¡Que bobada!

B **¿Dónde estará?**

—Oyeme, Ines. No encuentro mi boligrafo donde creia que lo habia dejado. ¿Sabes tu donde esta?

—No, no lo se. ¿A ti se te perdio?

—Si, por lo visto. Y si no lo encuentro, ¿con que escribire la composicion?

—¡¿Como?! Hay por lo menos 10 o 15 plumas ahi en el escritorio. ¿Por que no usas una de esas?

—No, solo debo usar mi favorito porque a mi siempre me trae buena suerte.

—¿Que locura es esa? Escribir con un lapiz en particular no tiene nada que ver con tu exito.

—Tienes razon, pero es una costumbre que tengo.

—Seria mejor decir que es una estupidez que cometes. Mira. Como sigues molestandome con tales tonterias, te dejo solo con tus supersticiones.

—¡No, chica! ¡No te vayas! ¡Se compasiva! No lo he encontrado aun y necesito que me ayudes a buscarlo.

—¡No! Aun los mas pacientes tienen su limite y he llegado al mio. Adios, ¡imbecil!

C **Una invitación.** *Si a Ud. lo/la visitara un ser de otro planeta, ¿cómo reaccionaría Ud.? ¿Con miedo? ¿Con curiosidad? ¿Por qué? Indique sus ideas sobre cómo sería la nave espacial de un extraterrestre y qué haría Ud. si uno lo/la invitara a subir a ella o, mejor, a viajar en ella.*

_____

_____

_____

_____

_____

_____

_____

_____

_____

D **¿Manera o contenido?** *En la introducción a «El Hombre de Plata», se señala que, para la autora, «la manera en que se narra es más importante que lo que se narra». ¿Qué indicios hay de esto en este cuento? ¿Cómo se subraya la inocencia de Juancho, su estar abierto a casi todo? Por ejemplo, en la línea 95, después de que el extraterrestre ha invitado a Juancho a subir a la nave espacial, se narra: «Y Juancho, por supuesto, aceptó la invitación.» ¿Cómo influye ese «por supuesto» en el desarrollo del personaje del muchacho? En fin, ¿trata este cuento de lo sorprendente de una visita de un extraterrestre, o trata de lo abiertos a todo que están los niños? Explique su opinión.*

_____

_____

_____

_____

_____

_____

_____

_____

_____

_____

CAPÍTULO 3

CAPÍTULO 4

4.1 LECTURA

«Una luz en la noche» (Enrique A. Laguerre)

A **Un resumen.** *Complete el párrafo siguiente con los vocablos presentados a continuación.*

achacara	cielo raso	peregrina	el vecindario
al punto	de pelo en pecho	quejidos	
atropelladamente	embrujada	remontaron	
cautelosamente	había acomodado	una vara	

Los hombres, encabezados por José Dolores, **(1)** _____ un cerro y vieron una luz que se movía en una casa. Curiosos, se acercaron **(2)** _____. Uno de los hombres, Gabriel, subió las escaleras de la casa, pero poco después bajó **(3)** _____ porque oyó ruidos espantosos. En vez de huir también, José Dolores hizo un disparo de revólver y esto causó que el «fantasma» bajara **(4)** _____ del **(5)** _____. José Dolores y sus «socios» supieron que el «fantasma» se llamaba Sandalio Cortijo y que ocupaba la casa abandonada porque **(6)** _____ la creía **(7)** _____, ya que fue escenario de un crimen brutal. Mientras comían, celebraron la historia **(8)** _____ de la vida de Cortijo en la casa abandonada. Cortijo les contó a los otros cómo **(9)** _____ un tubo para poder ahuyentar con **(10)** _____ a los curiosos que no eran tan **(11)** _____ como José Dolores. También por la noche Cortijo andaba por la casa llevando **(12)** _____ de la que estaba amarrada una lámpara para que la gente les **(13)** _____ la luz flotante a las brujas.

B **Asociaciones.** _Escoja la palabra o frase que no tenga relación con las otras dos._

	a	b	c
1. _____	remontar	subir	cabalgar
2. _____	cantidad	cuidado	cautela
3. _____	con prisa	lentamente	atropelladamente
4. _____	enseguida	al punto	demora
5. _____	habitación	religión	aposento
6. _____	peregrino	extraño	mediocre
7. _____	herido	aguzado	astuto
8. _____	ratonado	atrevido	cobarde
9. _____	alegría	desgracia	regocijo
10. _____	débil	valiente	de pelo en pecho
11. _____	ánimos	fantasmas	valor
12. _____	me da igual	recibo	no me importa
13. _____	achacar	atribuir	bajar
14. _____	religioso	mendigo	pordiosero
15. _____	velar	vigilar	esconderse
16. _____	acomodar	acostarse	meter

SECCIÓN GRAMATICAL

El subjuntivo

A   **Formas.** ¿Recuerda Ud. las formas del subjuntivo de los siguientes infinitivos? Escríbalas en los espacios en blanco según el modelo y el sujeto indicado.

Infinitivo	Presente	P. perfecto	Imperfecto	Pluscuamperfecto
hablar (él)	hable	haya hablado	hablara	hubiera hablado
1. decir (tú)				
2. ver (nosotros)				
3. morir (Ud.)				
4. dar (yo)				
5. hacer (ella)				
6. saber (Uds.)				
7. traer (tú)				
8. conducir (yo)				
9. pedir (Uds.)				
10. ser (ellos)				

B **Verbos de volición.** *Complete las siguientes oraciones usando la cláusula más apropiada de las que se dan a continuación. Tenga en cuenta que el verbo de la cláusula requerirá algunos cambios.*

a) limpiaba el cuarto una vez a la semana por lo menos

b) deja que Antonio salga conmigo

c) jugaron lo mejor posible

d) su marido le compra un coche nuevo

e) mi primo me acompañaba a la fiesta de Reinaldo

f) ha llovido tanto últimamente

1. A Marco le disgusta que _____

_____

2. El entrenador exhortó a los jugadores a que _____

_____

3. Elena no ha logrado que _____

_____

4. Mis padres me exigían que _____

_____

5. Mi tía se opuso a que _____

_____

6. Le he suplicado a mi tía que _____

_____

C *Verbos que expresan emoción. Complete las siguientes oraciones. Primero, esco-*
ja la manera más lógica de terminar cada una usando las cláusulas presentadas
a continuación. Luego, escriba el resto de la oración, cambiando el verbo según
su nuevo contexto.

a) mi hermano no la ayuda con los quehaceres domésticos

b) gané la competencia de natación

c) nuestro candidato preferido no aspira a gobernador del estado

d) había tanta gente desamparada

e) hace tanto tiempo que no lo llamo

f) había tenido que pasar la noche en la cárcel

1. Mis padres se alegraron de que _____

_____

2. A mi cuñada le indigna que _____

_____

3. A mí me daba lástima que _____

_____

4. A todos nos admira que _____

_____

5. A Timoteo le extraña que _____

_____

6. Mi hermana se sentía avergonzada de que su novio _____

_____

D **Verbos de influencia y comunicación: el empleo de complemento indirecto.**
*Complete las oraciones siguientes con la forma apropiada del pronombre de
complemento indirecto y con una forma verbal, o en el indicativo o en el subjuntivo, del infinitivo que se da entre paréntesis.*

1. A Marta y a Inés _____ recomendábamos que (hacer) _____ su

   tarea diariamente.

2. A ti _____ sugiero que no (sacar)_____

   mucho dinero de tu cuenta de ahorros.

3. A mí mis padres siempre _____ decían que no _____ (men-

   tir) _____.

4. Jorge _____ ha pedido a nosotros que _____ (traer)

   _____ un regalo de México.

5. Su doctora _____ aconsejó a Luisa que (dormir) _____ por

   lo menos ocho horas cada noche.

6. Ana quiere que sus amigas _____ (mostrar) _____ sus

   blusas nuevas.

7. El profesor _____ recomendó a nosotros que (saber)

   _____ de memoria el vocabulario.

8. Los Márquez _____ piden a la criada que _____ (servir)

   _____ la cena a las ocho en punto.

9. A ti _____ aconsejo que no (traducir) _____

   palabras desconocidas en los cuentos si el contexto indica su sentido.

10. Isabel quiere que yo **a)** _____ (decir) _____ la verdad

    sobre su novio, pero no deseo que **b)** (enojarse) _____ al

    saber qué tipo de hombre es. Prefiero que Amanda **c)** _____

    (informar) _____ del carácter ruin de Marcos.

11. Estela _____ dijo a Ernestito que era necesario que (sacar)

_____ la basura todos los días, pero él negaba que

eso (ser) _____ su responsabilidad.

12. A Carlitos y a Juanito _____ aconsejé que (tener)

_____ mucho cuidado con el rottweiler feroz de

los vecinos.

13. A nosotros los profesores siempre _____ recomiendan que (llegar)

_____ a clase a tiempo.

14. A ti y a tus amigos _____ sugiero que (jugar)

_____ sólo después de terminar sus (vuestros) estudios.

15. Los estudiantes _____ dijeron al profesor que no _____

(dar) _____ más de sus ejercicios molestos.

16. A mi hermanito y a mí _____ sugería siempre mamá que (ponerse)

_____ las botas cuando llovía.

Expresiones de incertidumbre

E **Visiones y sonidos.** *Ud. se encuentra solo/a por la noche en una casa abandonada. Tiene una vela, pero su pequeña llama oscila tanto por el viento que hace,
que resulta difícil ver por dónde van pisando sus pies. De repente, le sobresalta
un ruido extraño, tal vez un quejido o el arrastre de cadenas. ¿Qué habrá sido
eso? Complete las siguientes oraciones, de una manera original, para explicar
lo que ha sido, en su opinión. Escoja una de las expresiones dadas al principio y
use el subjuntivo o el indicativo, según la lógica de la oración.*

1. Creía / No creía _____

_____

2. Dudaba / No dudaba _____

_____

3. Negaba / No negaba _____

_____

4. Estaba seguro/a / No estaba seguro/a _____

_____

5. Me resisto a creer _____

_____

La secuencia de los tiempos verbales

F **Mi madre.** *Complete las siguientes oraciones de una manera original, para practicar la secuencia de tiempos verbales.*

1. Se alegra de que yo _____

2. Sintió que yo _____

3. Estaría contenta de que yo _____

4. Temía que yo _____

5. Le sorprenderá que yo _____

6. Le habría dado lástima que yo _____

7. Le ha extrañado que yo _____

G **¿Subjuntivo, indicativo o infinitivo?: un poco de todo.** *Llene los espacios en blanco con la forma y tiempo apropiados de los verbos que se dan entre parén-tesis. Tenga cuidado con la secuencia de los tiempos.*

1. Mis padres se preocupaban de que yo **a)** (querer)_____

   jugar al fútbol americano porque creían que **b)** (ir) _____ a romperme el

   cuello; preferían que **c)** (mostrar) _____ más interés en

   el ajedrez, pero el problema era que no me **d)** (gustar) _____ el

   ajedrez.

2. Te aconsejo que (saber) _____ todos los verbos

   irregulares para la próxima prueba.

3. Nadie puede mandarnos que (divertirse) _____ si

   estamos de mal humor.

4. Lamentamos que Luis no (ir) _____ con nosotros al centro

   ayer.

5. Me sorprende que tú nunca me (recoger) _____ a

   tiempo.

6. No me gustaba que mi compañero de cuarto **a)** (hacer) _____

   tanto ruido. Le pedía siempre que no **b)** (practicar) _____ la

   guitarra a las dos de la madrugada, pero sólo me replicaba que yo no le

   c) (decir) _____ nada.

7. Los padres de Pepito prefieren que él no **a)** (cruzar) _____

   las calles a las cinco de la tarde porque se preocupan de que un coche lo

   b) (atropellar) _____.

8. Ojalá que Héctor nos **a)** (estacionar) _____ ya

   el auto porque ahora dudo que **b)** (quedar) _____ espa-

   cio en el aparcamiento.

9. Lupe esperaba que el mecánico le **a)** (devolver) _____ su auto antes del martes porque necesitaba **b)** (asistir) _____ a una reunión en Veracruz ese día.

10. El banco nos recomienda que **a)** (pagar) _____ el préstamo pronto, pero tememos que Mario no nos **b)** (dar) _____ el dinero que él nos **c)** (deber) _____ hasta más tarde.

11. Le rogábamos al profesor que nos **a)** (repetir) _____ las preguntas orales, pero siempre nos decía que no **b)** (poder) _____ hacer eso.

12. El profesor les sugirió a los estudiantes que (traducir) _____ las frases antes de la clase.

13. El policía nos aconsejó que no (cruzar) _____ esa calle sin tener mucho cuidado.

14. Queremos **a)** (ir) _____ a la playa esta tarde, pero tenemos miedo de que **b)** (haber) _____ más dificultades con los tiburones.

15. Sentimos que no **a)** (ser) _____ las diez y diez, porque a esa hora el profesor tenía que permitirnos **b)** (salir) _____.

16. La mamá deseaba que sus hijos **a)** (dormirse) _____ pronto, porque no quería que **b)** (estar) _____ muy cansados al día siguiente.

17. Nuestro profesor nos rogaba que (repetir) _____ más los verbos.

18. Mis padres desean que yo **a)** (conseguir) _____ un buen trabajo después de graduarme de la universidad y yo espero **b)** (encontrar) _____ uno también.

19. Luis, ¿cuántas veces tengo que decirte que me **a)** (recoger)

_____ después de mis clases? ¿Prefieres que papá te

b) (mandar) _____ que lo **c)** (hacer) _____?

20. Les sugiero que **a)** (acostarse) _____

temprano porque necesitan **b)** (descansar) _____

antes de su viaje.

21. Esperaba que mis amigos **a)** (volver) _____

pronto, pero temía que **b)** (ir) _____ a llegar tarde

como siempre.

22. Roberto me dijo que (pensar) _____ visitarme mañana.

23. El profesor se alegró de que (saber) _____

nuestras lecciones.

24. Siento mucho que no (haber) _____ más refrescos.

25. Ojalá que alguien nos **a)** (buscar) _____, porque yo no

b) (saber) _____ dónde estamos.

26. Tengo miedo de que mis amigos no (divertirse) _____ en

la fiesta de esta noche.

27. Tus amigos se preocupaban de que tú no (salir) _____

bastante los fines de semana.

28. A su tía le sorprendió que Elena e Isabel les (mentir) _____

tanto a sus padres.

29. Enrique insistía en que yo le **a)** (pedir) _____ a José que

nos **b)** (prestar) _____ sus apuntes.

30. Nos molesta que todavía no (llegar) _____ la

primavera.

31. La ley les prohíbe (beber) _____ alcohol a los

    menores de edad.

32. Susana me dijo que (ir) _____ a llegar temprano por la

    mañana.

33. El médico me dijo que **a)** (tomar) _____

    aspirina para las jaquecas que sufría, y yo **b)** (sorprenderse)

    _____ de que **c)** (ser) _____ tan

    eficaz (*effective*) en aliviarme el dolor.

34. Mi tía se opuso a que mi primo me **a)** (acompañar)

    _____ al concierto, pero Jorge la desobedeció.

    ¡Ojalá que tía no **b)** (saber) _____ de su desobediencia!

35. No quiero que tú **a)** (enfadarse) _____, pero

    ¡preferiría que no **b)** (tocar) _____ la guitarra

    a las tres de la madrugada!

36. Nos daba lástima que la niña (quedarse) _____

    huérfana (*orphan*) después del accidente en que murieron sus padres.

37. La jefa insistía en que los empleados (seguir) _____ sus

    instrucciones al pie de la letra.

38. A todos sus profesores les admiraba que Lupe siempre (saber)

    _____ sus lecciones perfectamente.

39. El hecho de que el equipo **a)** (entrenar) _____

    tanto últimamente no garantiza que **b)** (ganar) _____ el

    campeonato este fin de semana.

40. Me indigna que tantos chóferes **a)** (hablar) _____ por

teléfono mientras manejan. ¿No se dan cuenta de que hacer eso **b)** (ser)

_____ peligroso?

41. El jefe se oponía a que los empleados **a)** (salir) _____

temprano la víspera (*day before*) del día feriado y les mandó

b) (quedarse)_____ hasta la hora acostumbrada.

42. Lamento **a)** (tener) _____ que decirles que no **b)** (haber)

_____ más entradas para la función de esta noche.

43. A los padres de Ricardo les preocupaba que él (seguir)

_____ soltero a los 40 años.

44. Le pedí a Laura que me (prestar) _____ su coche,

pero no quiso.

45. Me frustra que **a)** (llover) _____

tanto últimamente. Ojalá que **b)** (dejar)_____ de llover

pronto, pero eso no es probable.

46. El hecho de que (tener) _____ escrito el trabajo

asignado antes no explica por qué no me lo entregaste a tiempo. ¿Dónde

está?

47. Le dijimos a Juan que nos (traer) _____ los refrescos,

pero se le olvidaron en casa.

48. Ernesto no sabía que sus amigos le (ir) _____ a dar una

fiesta de sorpresa.

49. Conociendo al profesor Allende, que no cancela la clase nunca, ¿crees que

(haber) _____ clase el lunes?

50. Conociendo al profesor Allende, que es tan exigente, ¿crees realmente que el examen (ir) _____ a ser fácil?

51. Ana no creía que Ricardo la **a)** (amar) _____ de verdad, pero él insistía en que para él, no **b)** (haber) _____ otra mujer que ella.

52. No dudamos que mañana nos (traer) _____ otros desafíos (*challenges*).

53. Marta negó que su agente de Bolsa (*stockbroker*) y ella (engañar) _____ la Bolsa (*stockmarket*) antes de la bancarrota (*bankruptcy*) de Enron.

54. ¿No creen que Shaq (jugar) _____ bien al baloncesto?

55. Estamos seguros de que Ana (querer) _____ acompañarnos al cine esta noche.

56. ¿Crees realmente que (ir) _____ a nevar hoy, con todo el sol y el calor que hace?

57. Me alegro de que no (haber) _____ más preguntas en esta sección.

SECCIÓN LÉXICA

A **Palabras diminutivas, aumentativas y despectivas.** *Escoja de la lista que se da a continuación la palabra que complete mejor las oraciones siguientes.*

cervecita	gritona	patineta	vocecita
cosilla	hombrón	señorito	
gordinflón	mujercita	soplón	

1. El _____ ese cree que vale más que nosotros sólo por ser él de una familia rica.

2. Habla más alto, no te oigo nada cuando hablas con esa _____.

3. No se moleste Ud. por tal _____, el caso no tiene importancia.

4. No le digas nada de esto a Javier porque es un _____ de los peores y se lo dirá todo a nuestros padres.

5. ¿No queréis salir conmigo a tomar una _____?

6. No seas _____. Todos te oímos bien sin que alces la voz.

7. Tomás es muy _____. De veras, debe ponerse a dieta y bajar de peso.

8. Hijo, ponte el casco cuando vayas en la _____ porque no quiero que te hagas daño si te caes.

9. Ese _____ me dio un susto cuando lo vi por lo grande que era.

10. José es tan carcamal (*old-fashioned*). Sólo quiere tener una _____ que se quede en casa para cocinar, limpiar la casa y criar a sus hijos.

B **Equivalentes de «but».** *Examine el siguiente pasaje en inglés. No lo traduzca. Sólo llene los espacios en blanco con «pero», «sino», o «sino que».*

My uncle, a rich businessman, didn't arrive early at the family reunion, but

(1)_____, in fact, rather late. Not only did he arrive late, but

(2)_____ he also left early. I had hoped to talk with him at length, but

(3)_____ that wasn't possible. My mother even wanted to consult him, but

(4)_____ he hardly listened to her. So, I can say that I have seen my wealthy

uncle, but **(5)** _____ not that I know him. He died shortly after that

brief encounter, but **(6)** _____ we weren't notified, strangely, for more than a

year. My uncle was, of course, not only successful, but **(7)** _____

extremely arrogant as well. Why? I've frequently asked myself that question, but

8)_____ I have never been able to answer it satisfactorily.

C **«Pero», «sino», «sino que» o «menos»/«excepto»/«salvo».** *Llene el espacio en blanco con «pero», «sino», «sino que», «menos», etc., según el sentido de la frase.*

1. Nuestra clase favorita no es biología, _____ español.

2. Todos se divirtieron en la fiesta, _____ Enrique.

3. Alejandro no salió anoche, _____ se acostó temprano.

4. No me gusta la leche, _____ la tomo.

5. No sólo hace frío en Wisconsin en febrero, _____ mucho viento también.

6. José no puso los platos sucios en el lavaplatos, _____ en el fregadero.

7. Carlos iba a pasar por Sara, _____ no pudo encontrar su casa.

8. Después de éste, no habrá _____ un mes más antes del comienzo de las vacaciones.

9. Me gustaría ir al concierto, _____ no puedo.

10. Todos lo pasaron bien en la fiesta, _____ Noriberto.

11. Mis clases de este semestre son difíciles, _____ aprendo mucho en ellas.

12. La mala estudiante no sólo era inconsiderada, _____ además insolente.

13. Lo siento, Eduardo, no tengo **a)** _____ dos euros, **b)**_____ te los doy de muy buena gana.

14. A Pedro no le interesaba comprar un Neon, _____ un Ferrari.

15. No cenamos afuera anoche, **a)** _____ comimos en casa, aunque no había nada **b)** _____ arroz que comer.

16. Luisa no quería salir con Manuel, _____ aceptó su invitación por cortesía.

17. Los ladrones no sólo nos robaron el coche, _____ también se nos llevaron el gato, ¡los bárbaros!

18. Esa mochila no es de Sarita, _____ de Marité.

19. El camarero no sólo tardó en traernos la cena, _____ nos cobró demasiado por ella.

20. No me falta _____ un semestre para graduarme.

21. Esteban no es de los más listos, _____ se dedica a sus estudios y saca buenas notas.

22. Típicamente no tomo café para el desayuno, _____ leche.

23. Todos salieron bien en el examen, **a)** _____ Armando, **b)**_____ eso era de esperar porque no se había preparado la noche anterior, **c)** _____ había salido con sus amigos para ir a una fiesta.

A **Las palabras de enlace.** *¿Qué expresión de la derecha corresponde, lógicamente, a cada oración de la izquierda? Se dan en grupos de cuatro para facilitar la comprensión.*

1. Un fuerte viento surgió de pronto; _____ se apagó mi vela.

a) por el contrario

b) por otra parte

2. No soy una persona excesivamente miedosa, pero, _____, tengo mis momentos.

c) por último

d) por consiguiente

3. Cerré las ventanas y las cortinas, y, _____, las tres puertas.

4. Nunca me he olvidado de ese episodio; _____ recuerdo casi todos los detalles.

---

5. Ese problema, _____, nos afecta a todos y nos afectará hasta el fin de nuestros días.

e) en cambio

f) en resumen

6. Después de oír el ruido, salimos, _____, del sótano.

g) en fin

h) en seguida

7. Yo no sé qué pensar. _____, ¿qué piensas tú?

8. Los dos perros del vecino ladraban furiosamente; _____, el mío se echó a dormir.

---

9. Te lo voy a detallar _____ vayamos hablando.

i) a fin de que

10. Insistiré _____ no tienes mucho interés.

j) a medida que

11. Te lo explicaré _____ lo sepas cuanto antes.

k) a pesar de que

12. Tu hermana es exactamente _____ me la había imaginado.

l) así como

B **Un cuento original.** *Escriba un breve cuento de miedo. Considere las siguientes sugerencias narrativas:*

1. La introducción (la situación inicial): Diga Ud. quiénes son los protagonistas, dónde están, cómo son, etc. _____

   _____

   _____

   _____

2. El desarrollo de la historia (la intriga): ¿Qué pasa para comenzar el cuento? ¿Qué problema se presenta que les va a complicar la vida a los personajes?

   _____

   _____

   _____

   _____

3. La reacción o la transformación: ¿Cómo reaccionan los personajes? ¿Qué transformación tiene lugar luego? _____

   _____

   _____

   _____

4. El desenlace (la conclusión): ¿Cómo resuelven el problema? ¿Cómo salen de

la situación peligrosa? _____

_____

_____

_____

_____

_____

5. La situación final: ¿Cómo termina el cuento? ¿Cómo se encuentran, al final,

los personajes? ¿Tiene un final feliz o trágico? _____

_____

_____

_____

_____

_____

C «Una luz en la noche»: Preguntas interpretativas.

1. Los dos primeros párrafos de «Una luz en la noche» sirven para establecer un ambiente misterioso, hasta espantoso. ¿Qué elementos puede Ud. encontrar que contribuyen a tal ambiente? _____

_____

_____

_____

2. Al oír quejidos y arrastres de cadenas, Gabriel tiene miedo y vuelve con los otros que lo esperan. En vez de espantarse también, ¿qué hace José Dolores? ¿Tal acción está de acuerdo con el resto del desarrollo de este personaje? Explique. _____

_____

_____

_____

3. Don Luis Argüeso, dueño de la casa abandonada, mató a su hermano, pero sin embargo, no fue condenado a la cárcel. Pensando en el tema global de este cuento, ¿cómo contribuye el caso de don Luis al desarrollo del tema?

_____

_____

_____

_____

CAPÍTULO 4

CAPÍTULO 5

5.1 LECTURA

«Calvario de un fumador» (Juan David Medina)

A **Un resumen.** *Complete el párrafo siguiente con los vocablos presentados a continuación.*

acaparaban	devenir	involucraba	las pepas
se advirtiera	equiparable	una mesera	rotundamente
asqueroso	escasear	la meta	sufragar
el contrabando	una gama	módico	un tratado

Juan David comienza su ensayo recordando cuando había toda **(1)** _____

de sitios donde se podía fumar sin que **(2)** _____ un letrero que decía

"Prohibido fumar". En esa época era fácil conseguir marcas norteamericanas de ci-

garrillos por un precio **(3)** _____; Juan David prefería fumar Marlboro,

pero consideraba Camel **(4)** _____ a su marca preferida. Según

él, las cosas se empeoraron después de que se nombró a Fanny Kertzman directora

de la DIAN porque poco después se acabó con **(5)** _____ de cigarri-

llos. Los únicos cigarrillos norteamericanos disponibles eran viejos y tenían un olor

(6) _____. Se hicieron campañas publicitarias con

(7) _____ de reducir el número de nuevos fumadores y la marca

Marlboro empezó a **(8)** _____, mientras las de Kool y Belmont

(9) _____ el mercado. Los esfuerzos por combatir el uso de tabaco llegaron a ser mundiales con el nuevo milenio y la preocupación de los países por

mejorar su **(10)** _____. La OMS presentó **(11)** _____ que

(12) _____ a los 192 países de la ONU para prohibir

(13) _____ la publicidad de los cigarrillos. Juan David

experimentó el resultado de todos estos cambios cuando intentó fumar en un café y

(14) _____ le señaló que se prohibía fumar en ese sitio. Lo que le pre-

ocupa a Juan David ahora es que el uso de **(15)** _____ vaya susti-

tuyendo al de tabaco y que el costo de **(16)** _____ los sistemas para

dejar de fumar sea más alto que el de seguir fumando.

B **Asociaciones.** *Llene los espacios en blanco con la letra de la palabra no*
asociada con las otras dos.

		a	b	c
1.	_____	meta	propósito	posición
2.	_____	legumbres	pepas	drogas
3.	_____	rayos	gama	variedad
4.	_____	horrible	fenomenal	terrífico
5.	_____	pleito	demanda	deseo
6.	_____	colocar	perder	ubicar
7.	_____	notar	advertir	evitar
8.	_____	sobornar	sufragar	pagar
9.	_____	inmutarse	perturbarse	cambiarse
10.	_____	camarero	dueño	mesero
11.	_____	vuelta	arribo	llegada
12.	_____	módico	mediocre	modesto
13.	_____	comparable	equiparable	móvil

14.	_____	cultivar	proponer	plantear
15.	_____	envolver	involucrar	disgustar
16.	_____	completamente	oblicuamente	rotundamente
17.	_____	condición	futuro	devenir
18.	_____	cubrir	acaparar	monopolizar

5.2 │ S E C C I Ó N   G R A M A T I C A L │

El subjuntivo II / Expresiones impersonales

A **Expresiones impersonales.** *Complete las frases siguientes escribiendo la forma apropiada de los verbos que se dan entre paréntesis. Tenga cuidado con la secuencia de los tiempos verbales.*

1. Valdría más que nosotros (apoyar) _____ a

   nuestros congresistas en vez de criticarlos.

2. Basta que yo te (**a.** decir) _____ que (**b.** limpiar)

   _____ tu cuarto para que lo hagas.

3. Es importante (llegar) _____ a las citas a tiempo.

4. Era evidente que el mecánico todavía no (arreglar) _____

   _____ nuestro coche.

5. Será preferible que Ud. (prepararse) _____ bien

   antes de su entrevista.

6. Es extraño que Luisa no me (llamar) _____

   últimamente.

7. Parece mentira que ya **a.** (ser)_____ las nueve. ¡Parece que

   el tiempo **b.** (volar) _____!

8. Era dudoso que el Sr. Ortega (ir) _____ a completar ese proyecto a tiempo.

9. No es imposible que Marta (divertirse) _____ esta noche en la fiesta de Isabel.

10. A ti te conviene (seguir) _____ las instrucciones de tus maestros.

11. Es verdad que Marco **a.** (tener) _____ un empleo muy interesante, pero no es cierto que **b.** (ganar) _____ mucho dinero.

B **¿Cómo completarlas?** *Complete las siguientes oraciones escogiendo en la columna de la derecha la manera más lógica de terminarlas según el sentido de la expresión impersonal. Hay que tener en cuenta la secuencia de los tiempos verbales.*

1. Urge   _____

2. Vale la pena   _____

3. Es dudoso   _____

4. Parecía mentira _____

5. Era evidente   _____

a) que los niños jugaran juntos pacíficamente.

b) que Luis no había estudiado para el examen.

c) que ahorres tu dinero lo más que puedas.

d) que Ud. le mande hoy este mensaje a la jefa, porque es muy importante.

e) que Sara sepa de las infidelidades de su novio.

El subjuntivo / Cláusulas relativas

C **¿Qué busca Ud.?** *Complete las siguientes oraciones con una expresión apropiada.*

saber conducir camiones / no fumar / no beber / pesar menos de... /

medir por lo menos... / gustar el baile / nunca haber estado casado /

tener sentimientos nobles / ser rebelde / ser progresista / necesitar un

apartamento / vivir cerca / haberse emancipado / ser profesional

1. Busco una señorita / un señor que... _____

_____

2. Necesito amigos/amigas que... _____

_____

3. Tengo una abogada que... _____

_____

4. Deseo una sirvienta que... _____

_____

D **Un pasado / futuro desconocido.** *Complete las siguientes oraciones de forma original.*

1. Le dije lo que _____

   Le diré lo que _____

2. Lo hice como Ud. _____

   Lo haré como Ud. _____

3. Se lo di al primer amigo que _____

   Se lo daré al primer amigo que _____

4. Nos vimos cuando _____

   Nos veremos cuando _____

5. Se reunieron donde _____

   Se reunirán donde _____

E **¿Realidad o posibilidad?** *Invente oraciones originales a base de los siguientes elementos. Use el indicativo en **a**) y el subjuntivo en **b**).*

1. cualquiera / hablarnos / ser atendido...

   a) _____

   b) _____

2. dondequiera / viajar / encontrar...

   a) _____

   b) _____

3. comprar / cualquier... / que...

   a) _____

   b) _____

4. comoquiera / ... / ...

   a) _____

   b) _____

F **Fórmulas idiomáticas.** *Exprese en español.*

1. We will win, no matter how much it may cost.

   _____

2. Whatever happens, I shall go with you.

_____

3. Whether you want to or not, you have to agree.

_____

4. As far as I know, we shall not decide until tomorrow.

_____

5. We don't actually have much money left.

_____

G **Un poco de todo: expresiones impersonales y el subjuntivo en las cláusulas relativas.** _Llene el espacio en blanco con una forma apropiada del verbo entre paréntesis. Tenga cuidado con la secuencia de los tiempos verbales._

1. No es improbable que (haber) _____ empleos del

    subjuntivo es esta sección.

2. Ud. necesita el apartamento que (ofrecer) _____ más como-

    didades.

3. Mientras más cerveza (tomar) _____, peor manejarás.

4. Como me hace tanta falta tener coche, aceptaré cualquiera que **a.** (encon-

    trar) _____, **b.** (costar) _____ lo que

    c. (costar) _____.

5. Era increíble que normalmente Uds. no **a.** (despertarse)

    _____ hasta las ocho menos diez para

    b. (llegar) _____ a tiempo a su primera clase.

6. Fue una lástima que **a.** (haber) _____ tantas preguntas en la

tarea, y era obvio que nosotros las **b.** (tener) _____ que

c. (contestar) _____ todas.

7. **a.** (Querer) _____ o no, es vital que tú **b.** (seguir)

_____ mis consejos para no **c.** (recibir) _____

malas notas.

8. Era difícil que Martín y Olga (llegar) _____ para

las ocho.

9. Íbamos a hospedarnos en el primer hotel que (encontrar)

_____.

10. El próximo semestre voy a buscar unos cursos que no **a.** (ser) _____

tan difíciles como los que **b.** (tener) _____ ahora.

11. De niño, Manuel siempre hacía lo que le **a.** (decir) _____ sus

padres, pero ya que ahora tiene dieciocho años, por más que le **b.** (insistir)

_____, su hijo sólo **c.** (hacer)

_____ lo que **d.** (querer) _____

hacer, **e.** (querer) _____ o no sus pobres papás.

12. Cuando yo era joven, sólo pensaba en **a.** (comprar) _____ un

Ferrari rojo, **b.** (costar) _____ lo que **c.** (costar)

_____. Pero ahora entiendo que, siendo biblio-

tecario, por más que **d.** (trabajar) _____, nunca voy a

poder costear tal vehículo.

13. Jorge era tan listo que no **a.** (haber) _____ nada que él no

b. (entender) _____ después de haberlo estudiado por

sólo un rato.

14. El vendedor me dijo que adondequiera que yo **a.** (ir) _____,

nunca encontraría mejor ganga, pero yo le contesté que por más que

b. (tratar) _____ de convencerme, nunca le compraría

ninguna de sus artesanías, porque buscaba unas que **c.** (hacer) _____

juego con las que **d.** (tener)_____ ya en casa, y que él no

vendía nada que me **e.** (gustar) _____ y que no

f. (haber) _____ nada que me **g.** (poder) _____

h. (decir) _____ que me **i.** (forzar) _____ a

cambiar de idea ni por insistente que **j.** (ser) _____. No quise

comprar cualquier ñiquiñaque (*knickknack*) que me **k.** (mostrar)

_____ y por fin me marché para ir a un mercado donde

l. (venderse) _____ cosas de mejor calidad.

15. ¿Hay alguien en el mundo que no (oír) _____ de

los Beatles?

16. María me dijo que se iba a **a.** (casar) _____ con-

migo cuando yo **b.** (querer) _____, pero no aceptó ninguna

fecha que yo le **c.** (sugerir) _____.

17. José está de vacaciones en Costa Rica, que yo (saber) _____.

18. Me parece imposible que yo **a.** (ir) _____ a dominar

este idioma algún día, pero no dudo que con mucha práctica lo **b.** (hablar)

_____ bastante mejor en el futuro.

19. ¡No es verdad que Samuel me **a.** (traducir) _____ mi

tarea para la clase de francés desde que empecé la clase **b.** (hacer)

_____ un mes!

20. Era difícil que Rita **a.** (poder) _____

    b. (encontrar) _____ la tienda en que

    c. (venderse) _____ el vestido que te

    d. (encantar) _____ tanto.

21. No fue que yo te **a.** (decir) _____ que el subjuntivo no

    b. (ser) _____ difícil, fue que te **c.** (decir) _____ que

    d. (poderse) _____ aprender aunque lo era.

22. Aunque Héctor viniera a pedirme perdón mil veces, nunca le voy a **a.** (per-

    donar)_____. Creo que yo **b.** (necesitar) _____ un novio

    que **c.** (preocuparse) _____ más de mí que de su estúpido carro.

    Voy a decirle que yo no **d.** (creer) _____ que él **e.** (necesitar)

    _____ una novia, sino un mecánico. Y **f.** (pasar)

    _____ lo que **g.** (pasar) _____, yo no **h.** (pensar)

    _____ salir más con él hasta que venda su querido Corvette.

    ¡Ojalá que alguien se lo **i.** (robar) _____ pronto!

23. Es mejor que tú **a.** (leer) _____ bien las preguntas de una

    prueba antes de **b.** (empezar) _____ a **c.** (contestarlas)

    _____.

24. Raquel y Tito buscaban un coche que no **a.** (costar) _____ más

    de $8.000, pero era difícil que **b.** (encontrar) _____ uno así.

25. No conocemos a nadie que (cocinar) _____ mejor que

    Luisa.

26. Por más que yo (esforzarse) _____, ¡nunca com-

    prenderé a los niños!

27. Que yo **a.** (saber) _____, la reunión **b.** (ser) _____

mañana a las diez y todos esperan que tú **c.** (asistir) _____,

d. (querer) _____ o no.

28. Carmen siempre pone la tele tan pronto como **a.** (regresar)

_____ de sus clases. Parece increíble que ella no

b. (entender) _____ que le **c.** (convenir) _____

d. (estudiar) _____ un poco antes de **e.** (relajarse)

_____.

29. Ese joven siempre hace lo que **a.** (querer) _____, sin

pensar en las consecuencias. Necesita padres que lo **b.** (controlar)

_____ un poco más.

30. No le abras la puerta a nadie, quienquiera que (ser) _____.

31. De niño, no era que yo **a.** (tener) _____ miedo a los

perros, sino que **b.** (preferir) _____ los gatos.

32. Hemos encontrado una casa que no (costar) _____ un

ojo de la cara.

33. Mientras más (practicar) _____, mejor tocarás la

guitarra.

34. De niño, bastaba que Andrés **a.** (leer) _____ una página

sólo una vez para que él la **b.** (saber) _____ de memoria.

35. Es cierto que este semestre (parecer) _____

larguísimo.

36. Es urgente que todos nosotros (proteger) _____ más

el medio ambiente.

37. ¡Me alegro de que no **a.** (haber) _____ más preguntas aquí!,

pero, que yo **b.** (saber)_____, es probable que mañana la pro-

fesora nos **c.** (dar) _____ más que **d.** (ser) _____ tan difíciles

como éstas. El próximo semestre voy a matricularme en cursos que no **e.**

(exigir) _____ tanto trabajo.

5.3   S E C C I Ó N   L É X I C A

A   **Vocabulario informático.** *Escriba en los espacios en blanco las palabras españolas equivalentes a las palabras inglesas que se dan entre paréntesis.*

1. Este **a.** (floppy disk) _____ está lleno. Debes **b.** (save)

_____ el **c.** (file) _____ que estás usando en el

d. (hard drive) _____ para no perderlo.

2. Si piensas **a.** (to surf) _____ la **b.** (net) _____, es

importantísimo que **c.** (install) _____ un **d.** (program)

_____ antivirus y que tengas mucho cuidado con los **e.** (web

sites) _____ que visites.

3. Trasladar una frase de un documento a otro es fácil con este **a.** (word

processor) _____: con el **b.** (mouse) _____,

c. (highlight) _____ el texto en cuestión, selecciona

d. («copy») _____ del menú de **e.** (tools) _____,

abre el otro documento y **f.** (paste) _____ el texto donde lo

quieras **g.** (insert) _____. Puedes hacer lo mismo usando el

h. (keyboard) _____, pero eso cuesta un poco más trabajo.

4. ¿Mi **a.** (e-mail address) _____? Es la sabelotodo

b. (at) _____ aol.com. Si me **c.** (send) _____ un

d. (e-mail) _____, sabré la tuya.

5. Para **a.** (download) _____ esta imagen, coloca el cursor

sobre ese **b.** (icon) _____, **c.** (click) _____ y

luego indica en la **d.** (screen) _____ en qué **e.** (folder)

_____ deseas que **f.** (it be saved) _____.

6. ¡Ay! Se me olvidó mi **a.** (password) _____ y sin ella no puedo lle-

gar a la **b.** (home page) _____. ¡Odio las **c.** (computers)

_____!

B «To ask»: ¿qué palabra? *Examine las siguientes oraciones en inglés e indique la palabra que debería usarse en español: preguntar, preguntar por, pedir, hacer o invitar.*

_____ 1. That fellow was asking about you.

_____ 2. Don't ever ask them to do that.

_____ 3. Don't ask her that question.

_____ 4. I never borrow money from relatives.

_____ 5. They asked me to play the piano.

_____ 6. I have asked her to several dances.

_____ 7. Never ask her how old she is.

_____ 8. She asked me: "Whose car is that?"

_____ 9. They're asking too much.

_____ 10. I asked her out last Saturday.

C «To ask»: traducción. *Escriba en los espacios en blanco las palabras españo-las equivalentes a las palabras inglesas que se dan entre paréntesis. Tenga cuidado con el tiempo verbal que use.*

1. Juan (asked) _____ a Luisa a acompañarlo al

concierto.

2. Ese profesor siempre me (asks many questions) _____

_____.

3. Le (asked) _____ a Marta que me ayudara con la tarea.

4. Siempre que me ven, me (ask about) _____ mi
mamá.

5. Le voy a (ask to borrow) _____ sus
patines a mi primo.

6. Cuando éramos niños, a todo el mundo siempre le (asked)
_____ "¿por qué?" en cualquier situación.

7. Mis vecinos me (asked) _____ que cuidara a
sus hijos.

8. Unos turistas nos (asked) _____ dónde estaba
la catedral.

9. Necesito (ask to borrow) _____ tus herramientas.

10. ¿(You asked) _____ a Susana a bailar contigo y no quiso?

11. Cuando mi tía se enfermó, todos (asked about) _____ ella.

12. Nuestra vecina nos (asks many questions) _____
indiscretas.

13. Le tuve que (ask to borrow) _____ su motoci-
cleta a mi primo porque mi auto estaba descompuesto.

14. Le (are going to ask) _____ a Isabel que nos
recoja a las ocho en punto.

15. Cuando me dijo Raquel que quería ir al centro, le (asked)
_____ "¿por qué?".

A **Usos de la coma.** *El siguiente pasaje resulta confuso porque se han suprimido las comas. Póngalas donde sea necesario.*

Cuando vi a Luisa por primera vez supe que iba a ser mi esposa; era la mujer más bella que había visto en mi vida. Claro tenía el pelo oscuro y largo ojos luminosos y un cuerpo divino pero su atracción iba más allá de lo corporal. Lo más llamativo de ella era su espíritu; sentí su presencia como si me bendijera un ángel. Cuando se lo dije a los amigos que estaban conmigo esa noche trataron de desanimarme pero ni las tachas que le puso Enrique; ni la crítica de Luis con quien ya estoy peleado ni las cosas negativas que comentó Jorge pudieron disuadirme sino que me convencieron aun más que había conocido a mi futura esposa. Curiosamente después de que nos habíamos casado Luisa confesó que esa primera noche al verme yo no le caí bien de ninguna manera y que nunca habría salido conmigo si Esteban su antiguo novio no hubiera cancelado la cita que tenía con ella para esa noche.

B **¡Deja de fumar!** *Ud. conoce a un/a joven (un familiar, un/a amigo/a) que fuma. Con todas las campañas anti-tabaco, es inevitable que el/la joven haya oído todas las razones para no fumar, pero siempre vale la pena repetírselas. Indíquele por qué Ud. cree que debe dejar de fumar, señalándole las ventajas de dejar de fumar (las de salud, las económicas, las sociales) y las desventajas de seguir fumando.*

_____

_____

_____

_____

_____

_____

_____

_____

_____

_____

_____

_____

C **¿En serio o en broma?** *Aunque el ensayo de Medina trata un tema serio e incluye datos alarmantes, en general el tono del escrito es ligero. El narrador se burla de sí mismo, retratándose exageradamente como un entendido en cigarrillos y víctima de un fenómeno social. Hasta el empleo exagerado de «calvario» en el título ridiculiza la verdadera situación del narrador. Tomando esto en cuenta, ¿cuál cree Ud. es el propósito de este ensayo? ¿Entretener al público lector? ¿Señalarle el maltrato real de los que siguen fumando? ¿Entretener y educar a la vez? Apoye sus opiniones refiriéndose al texto.*

_____

_____

_____

_____

CAPÍTULO 5

CAPÍTULO 6

6.1 | LECTURA |

«El tiempo borra» (Javier de Viana)

A **Un resumen.** *Complete el párrafo siguiente con los vocablos presentados a continuación.*

añosa	espoleaba	pago	sementeras
atónita	ganado	poblaciones	
blanqueaban	inabarcables	el presidio	
campito	mal ganada	prole	
enceguecedora	mechones	se había juntado	

El gaucho Indalecio volvía a su **(1)** _____ después de haber pasado quince

años en **(2)** _____. Había sido condenado a la cárcel por matar a otro

en una disputa sobre una carrera **(3)** _____. Recordaba con tristeza

cuando tuvo que despedirse de su familia, de su **(4)** _____ y de su

(5) _____. Ya de vuelta, avanzaba por tierra de

(6) _____ límites, el día lleno de una luz **(7)** _____ y

un silencio absoluto. Por haber estado ausente tantos años, Indalecio no reconocía

las **(8)** _____ que **(9)** _____ ni las extensas

(10) _____ verdes, y dudaba si debía seguir adelante, pero una

fuerza irresistible lo **(11)** _____. Por fin llegó a su finca y lo vio

una mujer **(12)** _____, su esposa. Sus **(13)** _____ de cabello gris cubiertos de un pañolón y rodeada de su **(14)** _____, la mujer luego reconoció a Indalecio, sólo para tener que decirle que **(15)** _____ con otro. Indalecio, desilusionado por completo, le preguntó a la mujer si la guerra entre el Uruguay y el Brasil seguía, y ella, **(16)** _____, le contestó que sí. Con eso el gaucho se dirigió al este, dejando a su esposa aliviada y satisfecha.

B **Asociaciones.** *Llene los espacios en blanco con la letra de la palabra no asociada con las otras dos.*

		a	b	c
1.	_____	esparcir	recoger	extender
2	_____	lotería	ganado	reses
3.	_____	inmenso	inabarcable	estrecho
4.	_____	tapiz	cobertizo	alfombra
5.	_____	llorar	chillar	susurrar
6.	_____	capital	prisión	presidio
7.	_____	rancho	choza	mansión
8.	_____	demorar	impulsar	espolear
9.	_____	añoso	viejo	reciente
10.	_____	saltar	anudar	atar
11.	_____	sincerarse	explicar	confiar
12.	_____	representar	matar	carnear
13.	_____	prole	hijos	canción
14.	_____	las puntas	las cimas	los extremos
15.	_____	sordo	atónito	sorprendido

SECCIÓN GRAMATICAL

El subjuntivo III / Cláusulas adverbiales

A **El subjuntivo después de ciertas conjunciones.** *Complete las frases siguientes escribiendo la forma apropiada de los verbos que se dan entre paréntesis. Tenga cuidado con la secuencia de los tiempos verbales.*

1. Les aconsejo **a.** (arreglar) _____ su cuenta de ahorros a

   menos que ya lo **b.** (hacer) _____.

2. Los padres de Fernando le prohibieron que **a.** (leer) _____ esa

   novela pornográfica sin **b.** (saber) _____ que la **c.** (leer)

   _____ varias veces ya.

3. Se anunció que todos los empleados recibirían un aumento de sueldo, de

   manera que todos (ponerse) _____ contentos.

4. La mamá le cantó a su bebé a fin de que (dormirse)

   _____ pronto.

5. No voy a poder comprar otro coche a no ser que (conseguir)

   _____ un segundo empleo.

6. Nuestros tíos nos hablaron persuasivamente de modo que (quedarse)

   _____ con ellos una semana más, pero no

   pudimos.

7. Marta, lleva el paraguas en caso de que (llover) _____ esta

   tarde.

8. Nuestro profesor siempre nos daba muchos ejercicios para que (entender)

   _____ bien las lecciones.

9. Yo no iría a una fiesta con Luis aunque alguien me (dar) _____ una

   fortuna por hacerlo.

10. Aunque a Gertrudis no le **a.** (gustar) _____ que su compañera de cuarto le **b.** (pedir) _____ prestada su ropa, nunca le decía nada.

11. Nuestro jefe nos permitió que **a.** (tener) _____ otra copiadora en la oficina con tal que no le **b.** (costar) _____ mucho.

B «Aunque», «en caso de que» y «de modo que». *Complete las siguientes oraciones escogiendo la manera más lógica de terminarlas según el sentido de cada expresión. Hay que tener en cuenta la secuencia de los tiempos verbales.*

1. Ricardo no dejaba de invitar a Ana a salir, de modo que ella **a.** (creer) _____ cuánto él la **b.** (querer) _____.

2. Ricardo no dejaba de invitar a Ana a salir, de modo que ella **a.** (empezar) _____ a creer que él la **b.** (amar) _____ entrañablemente (*deeply*).

3. Aunque Ricardo se lo **a.** (decir) _____ constantemente, Ana no creyó nunca que él la **b.** (amar) _____ de verdad.

4. Aunque Ricardo se lo **a.** (decir) _____ sinceramente, Ana no creyó que él **b.** (ir) _____ a pasar por ella a tiempo para llevarla al concierto de esa noche.

5. Aunque Ricardo se lo **a.** (decir) _____ cada día, Ana sabe que él le **b.** (mentir) _____ cuando le **c.** (declarar) _____ su amor por ella.

6. Ana no creerá las excusas de Ricardo cuando éste le **a.** (tratar) _____ de **b.** (explicar) _____ por qué no la llama hace tanto tiempo aunque él se las **c.** (decir) _____ arrepentidamente (*with remorse*).

7. Ana no creería nunca que Ricardo no **a.** (salir) _____ con su

compañera de cuarto antes de **b.** (empezar) _____ a salir con ella

aunque él se lo **c.** (decir) _____ con toda la sinceridad posible.

8. Ricardo atendía a Ana más de lo que solía, de manera que ella (desconfiar)

_____ de sus intenciones.

9. Ricardo atendía a Ana más de lo que solía, de manera que ella le (perdonar)

_____ sus muchas infidelidades.

10. Aunque **a.** (ser) _____ cierto que Ricardo **b.** (salir)

_____ con la compañera de cuarto de Ana

antes, no quería que Ana lo **c.** (saber) _____, pues pensaba que,

en caso de que ella **d.** (enterarse) _____,

e. (romper) _____ con él.

11. En caso de que el noviazgo de Ana y de Ricardo **a.** (fracasar [*fail*])

_____, ninguna amiga de ella saldría con él aunque él

b. (ser) _____ el único hombre del mundo.

C **El subjuntivo y el tiempo.** *Complete las siguientes oraciones escogiendo la manera más lógica de terminarlas según el sentido de cada expresión. Hay que tener en cuenta la secuencia de los tiempos verbales.*

1. Ojalá que Magdalena ya nos **a.** (conseguir) _____ las

entradas para cuando la **b.** (ver) _____ este fin de semana.

2. Mi mamá ya **a.** (envolver) _____ los

regalos para mi cumpleaños antes de que yo **b.** (llegar)

_____ a casa esta noche.

3. Amelia siempre dudaba que yo nunca **a.** (salir) _____ con

otras chicas antes de que nosotros **b.** (conocerse)

_____, y siempre quería que yo se lo

c. (decir) _____, pero sólo le repetía que nunca en mi

vida **d.** (conocer) _____ antes a ninguna otra mujer

a quien yo **e.** (querer) _____ tanto como a ella.

4. El chico ya le **a.** (escribir) _____ la carta a

su novia varias veces antes de **b.** (decidirse) _____ a

mandársela.

5. Era verdad que la inundación **a.** (llevarse) _____

todos los edificios del pueblo, porque no vimos ninguno cuando

b. (visitar)_____ el lugar unos días después.

6. Si todavía no **a.** (poner) _____ la mesa, ponla

inmediatamente antes de que tu papá **b.** (llegar) _____.

7. Cuando yo le **a.** (explicar) _____ a Diego que

b. (necesitar, yo) _____ que me **c.** (ayudar) _____ con la

tarea, ¡no quiso cooperar a menos que yo le **d.** (pagar) _____ cien

dólares! Le recordé que siempre cuando él me **e.** (pedir) _____

ayuda, yo se la daba, y que por eso la justicia de la situación lo obligaba a

que me **f.** (dar) _____ su ayuda entonces.

8. Parecía que el chico cansado **a.** (dormirse) _____ tan

pronto como **b.** (acostarse) _____.

9. Señora, siento mucho que le **a.** (doler) _____

tanto los pies recientemente. Siéntese y espere Ud. hasta que el doctor

b. (poder) _____ examinárselos.

10. Tan pronto como Lola **a.** (ver) _____ el perro, empezó a gritar porque tenía miedo de que al animal le **b.** (gustar) _____ comer a las niñas.

11. ¡Ricardo! Sólo cuando ya **a.** (hacer) _____ tu cama y **b.** (bañarse) _____ será posible que yo te **c.** (permitir) _____ que **d.** (salir) _____ con tus amigos.

12. Es necesario que Uds. **a.** (despertarse) _____ en cuanto **b.** (ser) _____ las ocho para **c.** (llegar) _____ a la reunión a tiempo. ¡Ojalá que no **d.** (estar) _____ nevando cuando **e.** (salir) _____!

13. Siempre **a.** (acostarse) _____ en cuanto **b.** (ser) _____ las diez porque a esas horas estamos muy cansados.

14. Siempre se sirve el postre después de (comerse) _____ los platos principales.

15. Dudaba que nosotros **a.** (ir) _____ a salir tan pronto como Susana **b.** (llegar) _____ porque sabía que ella **c.** (ir) _____ a querer **d.** (bañarse) _____ primero; nosotros saldríamos esa noche sólo después de que ella **e.** (maquillarse) _____ y **f.** (ponerse) _____ su vestido nuevo.

16. Normalmente pago las cuentas tan pronto como las (recibir) _____ en el correo.

17. Ustedes **a.** (deber) _____ esperar bastante tiempo antes de **b.** (casarse) _____ hasta que **c.** (estar) _____ seguros de que **d.** (amarse) _____ de verdad.

18. Te diré las noticias cuando las (saber) _____.

19. Paco, prefiero que tú no **a.** (salir) _____ esta noche

después de que nosotros **b.** (cenar) _____

porque casi nunca puedes visitar a tus bisabuelitos y es mejor que los

c. (conocer) _____ antes de que **d.** (morir) _____,

porque ya son tan viejitos. Si no es muy tarde, tan pronto como ellos

e. (irse) _____, puedes

f. (salir) _____ con tus amigos.

20. Me alegro de que no **a.** (haber) _____ más preguntas aquí, pero

voy a repasar estos ejercicios tan pronto como **b.** (volver) _____ a

casa, donde **c.** (pensar) _____ estudiarlos más hasta que

d. (entender) _____ bien todo esto del subjuntivo.

D **El subjuntivo en resumen.** *Complete las siguientes oraciones escogiendo la manera más lógica de terminarlas según el sentido de la oración. Hay que tener en cuenta la secuencia de los tiempos verbales.*

1. Luis, haz tu tarea ahora mismo a menos que **a.** (querer) _____ que

tu papá te **b.** (decir) _____ que la **c.** (hacer) _____

cuando él **d.** (volver) _____ de la oficina.

2. Mientras Anita **a.** (machacar)_____ unas cebollas,

Julia cortaba la lechuga para que la ensalada **b.** (estar) _____

lista en seguida.

3. Cuando yo **a.** (ser) _____ niño, nunca podía **b.** (hacer) _____

nada sin que mis padres lo **c.** (saber) _____; siempre me

parecía increíble que **d.** (poder) _____ adivinar mis

acciones antes de que yo las **e.** (hacer) _____.

4. Aunque Ana **a.** (sentirse) _____ mal

antes, cuando José la **b.** (llamar) _____ para invitarla a

c. (salir) _____ esa noche, le **d.** (decir) _____ que sí

porque temía que, si no, él **e.** (ir) _____ a salir con otra chica

que ella no **f.** (conocer) _____ ni a quien **g.** (querer)

_____ conocer jamás.

5. Nos gustaría que el profesor **a.** (cesar) _____ de ator-

mentarnos porque ya hace semanas que nos **b.** (pedir) _____

que **c.** (aprender) _____ tantas formas verbales que no

d. (poderse) _____ contar todas; de haber sabido que

e. (haber) _____ tantas, nunca **f.** (volver)

_____ de las vacaciones. Pero es cierto

que sólo nos **g.** (quedar) _____ poco del trimestre, y a menos

que **h.** (pasar) _____ algo inesperado o que **i.** (inventarse)

_____ otro tiempo verbal, no tenemos que tener miedo

de que **j.** (haber) _____ otro tiempo que no **k.** (estudiar)

_____ ya. Sólo será cuestión de que el profesor

nos **l.** (dejar) _____ en paz por fin.

6. Papá me iba a permitir que **a.** (conducir) _____ sólo

después de que **b.** (tener) _____ 21 años. Me parecía injusto

que él **c.** (querer) _____ que yo **d.** (esperar)

_____ tanto tiempo. Por eso esperaba con placer

e. (conseguir) _____ un trabajo que me

f. (pagar) _____ mucho, e **g.** (ir) _____ a comprar un

auto que me **h.** (gustar) _____, **i.** (costar) _____

lo que **j.** (costar) _____, cuando **k.** (conseguir)

_____ por fin ese trabajo.

7. Aunque alguien me **a.** (ofrecer) _____ el pasaje gratis, no iría a California por nada a no ser que yo **b.** (tener) _____ una garantía (*guarantee*) absoluta de que no **c.** (haber) _____ terremotos, y está claro que nadie me **d.** (poder) _____ **e.** (garantizar) _____ eso.

8. El Martín ese salía con tres chicas a la vez sin que ninguna **a.** (darse) _____ cuenta de su engaño, aunque todos los amigos de las pobres se lo **b.** (decir) _____ constantemente.

9. El jefe nos pidió que lo **a.** (llamar) _____ cuando **b.** (terminar) _____ el proyecto y le **c.** (prometer) _____ que haríamos lo que él **d.** (querer) _____.

10. Cuando lo **a.** (ver) _____, dile a Pepe que **b.** (ser) _____ imposible que yo lo **c.** (acompañar) _____ al cine esta noche.

11. Estudié anoche hasta que **a.** (dar) _____ las dos de la madrugada, pero eran las tres cuando por fin **b.** (domirse) _____.

Cláusulas condicionales

E ¿**Presente o pasado?** *Exprese las siguientes oraciones en español.*

1. If I work, they pay me.

   _____

   _____

   If they worked, I would pay them.

   _____

   _____

2. If she lives, they'll be happy.

   _____

   _____

   If she died, they would be sad.

   _____

   _____

3. If we help the poor, they'll eat better

   _____

   _____

   If they ate better, they would have more energy.

   _____

   _____

4. If you think about it, you'll see that I am right.

   _____

   _____

   If you were to think about it, you would understand my motives.

   _____

   _____

5. If it rained, we wouldn't go to the beach.

   _____

   _____

   If it had rained, we would have stayed home.

   _____

   _____

F **«Como si», «por si» («acaso») y «ni que».** *Complete las siguientes oraciones según sus preferencias.*

1. Ella canta como si _____ .

2. Él gasta dinero como si _____ .

3. Te dejaré veinte dólares más por si _____ .

4. Voy a llevar el paraguas por si _____ .

5. ¿Piensas jugar en vez de escribir tu tarea? ¡Ni que _____

_____ !

6. Marco nos dijo que nos iba a ayudar con el aseo. ¡Ni que _____

_____ !

G **¿Situaciones hipotéticas o no?** *Escriba la forma adecuada del verbo indicado para completar el sentido de las siguientes frases.*

1. Si pudiera vivir en cualquier lugar del mundo, me (gustar)

_____ vivir en Puerto Rico.

2. De haber sabido que Rosa **a.** (ir) _____ a causar tanta tensión en

mi fiesta, nunca la **b.** (invitar) _____ .

3. Siendo yo niño, si mi papá me **a.** (decir) _____ que

b. (parar) _____ el coche si yo no **c.** (comportarse)

_____ bien cuando **d.** (estar) _____

de vacaciones, **e.** (saber) _____ que debía dejar de molestar a

mis hermanos en seguida.

4. No me gusta que Anita me **a.** (hablar) _____ como si yo

no **b.** (entender) _____ su situación.

5. Los daños **a.** (ser) _____ peores si los

   habitantes del pueblo no hubieran sabido nada del peligro antes de que

   b. (llegar) _____ ese huracán.

6. Si **a.** (ver) _____ a Esteban, dile que no quiero verlo más a menos

   que me **b.** (pedir) _____ perdón por lo que me dijo la última

   vez que **c.** (salir) _____ con él.

7. No (haber) _____ tantos problemas

   con el desfile si hubiera hecho mejor tiempo.

8. Si tu hada madrina (aparecer) _____ para concederte

   tres deseos, ¿qué le pedirías?

9. Si Ramón no (gastar) _____ tanto en

   ropa el mes pasado, ahora tendría el dinero para pagar el alquiler.

10. Para que tú lo **a.** (saber) _____, aunque Noriberto me

    b. (invitar) _____ a salir con él mil veces, no

    c. (salir) _____ con ese tonto ni siquiera si él

    d. (ser) _____ más guapo que Antonio Banderas.

11. Me parece muy mal que Juan **a.** (hablar) _____ como si lo

    b. (saber) _____ todo.

12. Si Ramona (ver) _____ a Sara, nunca la saluda porque está

    peleada con ella.

13. ¡Qué lindo sería si todos (llevarse) _____ bien!

14. Yo nunca le habría mencionado a Jorge mientras **a.** (hablar) _____ con

    Sara anoche si **b.** (saber) _____ que ella

    lo **c.** (odiar) _____.

15. De haber visto el otro coche a tiempo, (evitarse)

_____ el accidente.

16. Eduardo se porta como si sus padres no le (educar)

_____ en los buenos modales

(*good manners*) nunca en su vida.

17. Si yo **a.** (tener) _____ que decirte una vez más que

b. (sacar) _____ la basura, ¡te arrepentirás!

18. Te aconsejo que **a.** (limpiar) _____ la casa antes de que

te **b.** (visitar) _____ tu suegra. Si la **c.** (ver)

_____ tan sucia, ¡se escandalizaría!

19. Si no **a.** (haber) _____ otra pregunta de este ejercicio, entonces

b. (llegar, nosotros) _____ al fin.

6.3 S E C C I Ó N   L É X I C A

A **Los prefijos «in-» y «des-». Exprese en español.** *¿Lo puede hacer sin diccionario?*

1. unacceptable _____
2. unpardonable_____
3. immortal _____
4. untouchable _____
5. uncertain _____

6. to discharge_____
7. to discover _____
8. to unscrew _____
9. to thaw _____
10. to undress _____

B **«To become»: en el cine.** *Exprese en español, en los espacios en blanco, las expresiones de «become» o «get» que aparecen entre paréntesis.*

1) (It was getting) _____ de noche cuando por fin llegué al cine. Quería ver «Evita», la película de Madonna. **2)** (I became) _____ algo nervioso cuando supe que quedaban pocas entradas. Esperaba a un amigo y debíamos entrar, pero nunca vino. ¿Qué **3)** (became of him) _____? Acabé por ver «Evita» solo. Realmente me gustaba el personaje principal porque aunque nació pobre, **4)** (she became) _____ muy rica y poderosa. También **5)** (became) _____ un verdadero ícono para los pobres de la Argentina. Entonces, ¿cómo **6)** (did she become) _____ tan egoísta y materialista? Ése es uno de los aspectos contradictorios de su personalidad. Debo confesar que **7)** (I became) _____ admirador de Madonna por su talento para «vender» una canción. Pero, más que eso, su personaje **8)** (became) _____ cada vez más vulnerable en la película. No estoy de acuerdo con aquellos que dicen que Madonna **9)** (became) _____ actriz a pesar de no tener ningún talento dramático. Cuando salí del cine, **10)** (it had gotten) _____ oscuro ya. Todavía me preguntaba qué **11)** (had become) _____ de mi amigo. Quizá él **12)** (got sick) _____.

C **«To become»: conclusiones.** *Resuma la información presentada en los siguientes párrafos utilizando la expresión equivalente a «to become» más adecuada.*

Modelo: Héctor era de una familia muy humilde, pero entendía la importancia de la educación. Por eso se dedicó a sus estudios y avanzó rápidamente. Le dieron una beca para asistir a una facultad de medicina y al graduarse, empezó a ejercer la medicina.

Héctor se hizo médico.

1. Ferdinand Marcos quería ser político desde que era niño. Por eso se graduó de una facultad de derecho y comenzó a trabajar en una oficina de abogados.

a) _____

Marcos comprendía bien el proceso de entrar en la política: les hacía favores a los votantes y cultivaba su influencia. Después de ocupar varios puestos, cada cual más importante, por fin fue elegido presidente por los ciudadanos de Filipinas.

b) _____

Con el creciente poder de Marcos, su mujer Imelda comenzó una colección grandísima de zapatos, y lo que es más chocante, no dejaba de comer.

c) _____

Desgraciadamente, una vez que Marcos había gozado de los privilegios de su puesto, dejó de respetar el proceso democrático y empezó a gobernar dictatorialmente.

d) _____

2. Pepe Jirón, reconociendo por fin que no servía para los estudios y que podía ganar mucho más en los deportes, abandonó la universidad en su tercer año para ser jugador en un equipo de baloncesto profesional.

a) _____

El cambio de carrera de su hijo no les gustó nada a los padres de Pepe, pero cuando supieron el sueldo que él iba a ganar, se quedaron muy contentos con él.

b) _____

Pepe jugaba con el mismo equipo hacía años cuando por fin tuvo que dejarlo debido a su edad. Pero después le dieron una serie de puestos administrativos, y como cumplió todos sus deberes bien, eventualmente lo nombraron entrenador principal del equipo.

c) _____

Y bajo la supervisión experta de Pepe, su equipo, que antes ganaba muy pocas competencias, casi de la noche a la mañana ganó todas las del campeonato mundial.

d) _____

D «To become». *Complete las oraciones siguientes con la expresión adecuada para expresar «to become» en español. Tenga cuidado con el modo y el tiempo verbal que use.*

1. Todos los animales se sorprendieron de que el feo pato

_____ un hermoso cisne.

2. Los estudiantes _____ muy callados cuando vieron la cara de mal humor de la profesora.

3. Me especializo en el inglés porque quiero _____ maestro de ese idioma.

4. Nancy Kerrigan practicaba el patinaje día tras día y eventualmente
_____ una patinadora de calibre mundial.

5. Sí, sí, te recuerdo muy bien, pero, dime, ¿qué _____ tu
hermanito, el tímido?

6. Sin ganas de seguir estudiando para dentista, Ana _____
mesera, pero los clientes le daban pocas propinas.

7. _____ noche y todavía no habíamos llegado al hotel.

8. Mi abuela _____ viuda poco después de casarse, pero
volvió a contraer matrimonio con el hombre que iba a ser mi abuelo.

9. Al saber que nos había tocado el premio gordo de la lotería,
_____ locos de alegría.

10. Óyeme, Pepe. Si no estudias lo suficiente, tendrás que
_____ cocinero.

11. Quiero _____ tan rico como Bill Gates.

12. Después de muchos años de arduo trabajo, Inés por fin
_____ presidenta de la empresa.

13. Como Carlota no ha dejado de comer, últimamente
_____ muy gorda.

14. ¿Qué _____ esos chicos traviesos que vivían en nuestro
barrio cuando éramos niños?

15. Tenemos que regresar a casa antes de que _____ tarde
porque la niñera nos espera.

16. Por escuchar música muy fuerte por tantos años, Esteban
_____ sordo a los 30 años.

6.4 PARA ESCRIBIR MEJOR

Usos del punto y coma. *Los siguientes pasajes resultan confusos porque se han suprimido los puntos y coma, y las comas. Póngalos.*

A Pero, ¿dónde estoy?

Cuando por fin me desperté sufrí una desorientación completa nada me parecía conocido. Donde había habido árboles arbustos y flores ya sólo se veían edificios y casas algunos de ellos aparentemente antiguos donde había habido campos y riachuelos ya yo percibía solamente calles adoquinadas y aceras estrechas. El cielo que yo recordaba ser de un azul enceguecedor y en el que flotaban nubes blanquísimas redondas y grandes como si fueran galeras que navegaban por el espacio luego parecía un gris enfermizo manchado de nubezuelas que parecían estar ahogándose en el vacío que las devoraba. No tuve que reconocer la verdad ya no me encontraba en el mismo lugar o mejor dicho en la misma época en que me había dormido. Pero ¿dónde? ¿cómo? ¡¡cuándo?! estaba ansioso por resolver ese misterio.

B El encanto del verano.

Siempre me ha gustado el verano hace buen tiempo y siempre ando a gusto. Los árboles verdes y sombrosos (*shading*) me parecen muy lindos la tierra cubierta de hierba y salpicada (*spotted*) de florecitas vivas aromáticas me invita a pisarla descalzo (*barefoot*) el cielo a veces azul otras casi de un blanco enceguecedor da la impresión de ser un océano de aire en el que las aves son peces que nadan por la atmósfera líquida como si estuvieran en un gran acuario cósmico. Intento lo más posible pasar las horas afuera porque siempre hay algo grato (*pleasing*) que hacer como ir al parque o tomar el sol poder hacer tales actividades es un verdadero placer.

Sí ya sé hay gente a quien le molestan los insectos y los quehaceres veraniegos (*summetime*) a mí no. Por supuesto no quiero ni pensar en la llegada del otoño y los días de frío que promete traer mientras tanto gozo del calor saboreando (*savoring*) cada día estival (*summer*).

C **La vida interrumpida.** *El tema de una pérdida de parte de una vida que tiene que seguir después, ha sido bastante común en la literatura. Se ve en el cuento de este capítulo, pero es central también en «Rip Van Winkle» de Washington Irving y en bastantes películas, tales como «Sleeper» de Woody Allen. ¿Por qué cree Ud. que le fascina tanto este tema a la gente? Explique sus razones.*

_____

_____

_____

_____

_____

_____

_____

1. En el cuento «El tiempo borra», a pesar de acabar de salir del presidio, Indalecio se va sintiendo triste mientras se acerca a su «pago». ¿Cómo se explican sus sentimientos?

_____

_____

_____

_____

_____

2. En el cuento se dan pocos detalles del crimen de Indalecio, sólo unas sugerencias de lo ocurrido. ¿Cree Ud. que él sentía remordimiento por haber matado a otro hombre? Explique su opinión.

_____

_____

_____

_____

_____

3. Al final del cuento, Indalecio decide ausentarse una vez más de su tierra y de su familia. **a)** ¿Cuáles serán sus motivos por actuar de tal manera? **b)** ¿Es acertado decir que el castigo de Indalecio va a durar más de los quince años que pasó en la cárcel? Justifique su opinión.

_____

_____

_____

_____

CAPÍTULO 7

LECTURA

«¿Es justificable la eutanasia?» (Pablo J. Ginés)

A **Un resumen.** *Complete el párrafo siguiente con los vocablos presentados a continuación.*

amparar	en el candelero	incapacitado	potenciará
desfavorecida	facultativo	minusvalías	procurar
la despenalización	frena	mitigar	sanaciones
las dolencias	las ganas	paliativos	trastornadas
empeora	gravemente	una pendiente peligrosa	verdugo
encarna			

Pablo J. Ginés reacciona en su ensayo al éxito de la película "Mar adentro", en la que

Javier Bardem **(1)** _____ a Ramón Sanpedro, un

(2) _____ que decidió suicidarse con la ayuda de once amigos. El filme

ha causado que el debate sobre **(3)** _____ de la eutanasia vuelva a estar

(4) _____ y Ginés ofrece diez argumentos contra tal legalización. Para

él, hacer legal la eutanasia vendría a ser **(5)** _____, por lo cual quiere

decir que la eutanasia legal haría más probable que se utilizara en casos inapropiados,

como en dejar morir a bebés por nacer con **(6)** _____. Segundo,

(7) _____ la relación médico-paciente, confundiendo el papel del

(8) _____: ¿se le obliga a seguir buscando **(9)** _____ para las **(10)** _____ del paciente, o se convierte en su **(11)** _____? La eutanasia legal **(12)** _____ los esfuerzos por encontrar cuidados **(13)** _____, ya que es más fácil decidir matar al enfermo. También tiende a favorecer la eliminación del enfermo en vez de **(14)** _____ **(15)** _____ su dolor. La mayoría de las veces, sólo las personas deprimidas, **(16)** _____, piden la eutanasia y la posibilidad de la eutanasia socava los esfuerzos de los médicos de devolverle al paciente **(17)** _____ de vivir. La eutanasia no es un derecho humano que importe más que la responsabilidad del gobierno de **(18)** _____ la vida de sus ciudadanos. La opción de la eutanasia les quitaría la justificación por su trabajo a los que ayudan a personas que están **(19)** _____ minusválidas. La eutanasia será más atractiva para la gente pobre y **(20)** _____ porque morir le resultará menos caro que seguir enferma o incapacitada. Por último, la eutanasia legal **(21)** _____ abusos y asesinatos en vez de hacerlos menos frecuentes.

B **Asociaciones.** _Llene los espacios en blanco con la letra de la palabra no asociada con las otras dos._

		a	b	c
1.	_____	sanación	cura	salud
2.	_____	frenar	girar	parar
3.	_____	desoír	desatenderse	descuidarse
4.	_____	despenalización	inversión	legalización
5.	_____	cambiar	mitigar	aliviar
6.	_____	con todo	sin embargo	a pesar de
7.	_____	campos	cosas	casos
8.	_____	demorar	establecer	instaurar
9.	_____	ayudarse	apoyarse	despedirse

10. _____	grave	serio	muerto
11. _____	proteger	magnificar	amparar
12. _____	el sueño	las ganas	el deseo
13. _____	tras	después de	por
14. _____	compromiso	fin	propósito
15. _____	régimen	gobierno	dictador
16. _____	en el candelero	caliente	de moda
17. _____	esforzarse	luchar	implorar
18. _____	catástrofe	dolencia	enfermedad
19. _____	confundido	trastornado	torcido
20. _____	escuela	médico	facultativo
21. _____	a partir de	antes de	después de
22. _____	conocido	preferido	apoyado
23. _____	buscar	encontrar	procurar

7.2 SECCIÓN GRAMATICAL

A **El artículo definido.** *Escriba, lo más rápido posible, el artículo definido correcto para los siguientes sustantivos. Después, corrija y califique este «examen» según las respuestas y la escala que se dan a continuación.*

1. _____ aceite	8. _____ hecho	15. _____ problema
2. _____ apretón	9. _____ inglés	16. _____ protagonista
3. _____ azúcar	10. _____ idioma	17. _____ radiografía
4. _____ bar	11. _____ jugo	18. _____ sistemas
5. _____ cañones	12. _____ labor	19. _____ rodaje
6. _____ doblaje	13. _____ material	20. _____ telegramas
7. _____ ejemplo	14. _____ mensajes	21. _____ vez

22. _____ frase   25. _____ montaje   28. _____ vigores

23. _____ galán   26. _____ personaje   29. _____ violín

24. _____ gente   27. _____ papeles   30. _____ voces

Respuestas correctas: las (30), la (12, 17, 21, 22, 24), los (5, 14, 18, 20, 28), el (todos los demás números).

Número de respuestas correctas	Escala de notas
28-30	¡Fenomenal!
25-27	Muy bien
21-24	¿Aún no se ha despertado Ud.?
17-20	¿Ha bebido Ud. mucho alcohol?
13-16	¿Está Ud. moribundo/a?
0-12	¿Dónde es el funeral?

Usos del artículo indefinido

B **Circunstancias personales.** *Complete los siguientes segmentos con el artículo indefinido cuando sea necesario. Si no se necesita, escriba una X en el espacio en blanco.*

1. **a)** ___ vez yo hice de intérprete para **b)** ___ famoso dramaturgo español. Todo resultó bastante bien, al fin y al cabo, pero **c)** ___ problema especialmente grave tenía que ver con **d)** ___ cierto aspecto de su personalidad. ¡Le gustaba hablar! Si decía solamente **e)** ___ o dos frases, no había **f)** ___ problema. Pero, generalmente pronunciaba todo **g)** ___ párrafo antes de callarse. En tales circunstancias yo sólo podía resumir en vez de traducir **h)** ___ palabra por palabra.

2. Mi mujer y yo vivíamos en Madrid durante el año 1992. El español no era **a)** ___ problema, puesto que los dos lo hablábamos bien. Pero nos gustaba ver **b)** ___ película en inglés de **c)** ___ vez en cuando. **d)** ___ cierta noche fuimos

a ver **e)** ___ nueva película todavía no doblada al español. El cine estaba lleno, pero sólo mi mujer y yo nos reímos a menudo porque había **f)** ___ gran discrepancia entre el diálogo hablado y los subtítulos. Esto se debía, sin **g)** ___ duda, a **h)** ___ fuerte censura.

3. Ayer conocí por primera vez a **a)** ___ sobrina mía. Nació sólo hace **b)** ___ mes. Se llama Estefanía y tiene **c)** ___ manitas muy pequeñas. Por ejemplo, los cinco deditos de **d)** ___ mano podían cubrir sólo **e)** ___ pulgar mío. ¡Qué **f)** ___ impresión! La puse sobre mis rodillas y le canté **g)** ___ aria operática. Pareció gustarle porque en seguida durmió **h)** ___ siesta.

C **¿El artículo definido, indefinido o neutro?** *Complete las siguientes oraciones con el artículo apropiado cuando sea necesario. Si no hace falta un artículo, escriba una X en el espacio en blanco. Haga contracciones cuando sea apropiado.*

1. **a)** ___ lunes siempre lo paso mal. **b)** ___ clases empiezan a **c)** ___ ocho y media, pero **d)** ___ malo es que no me despierto hasta dos horas más tarde.

2. No me sientan bien **a)** ___ manzanas verdes. Sólo **b)** ___ maduras son comestibles.

3. No te puedes imaginar _____ deliciosa que fue esa cena.

4. Hace más de cincuenta años que Isabel **a)** ___ II subió a **b)** ___ trono.

5. ¡Nunca había visto tal **a)** ___ cosa! Fue de **b)** ___ más raro ver a Andrés con **c)** ___ tatuaje que le cubría casi todo **d)** ___ cuerpo.

6. Tengo **a)** ___ pelo muy largo; me hace falta **b)** ___ recorte.

7. Hay **a)** ___ cierta ambigüedad en su respuesta. Tendré que hacerle **b)** _____ otra pregunta para aclararla.

8. Para mí, ___ mejor de este cuento es que es muy corto.

9. A **a)** _____ quince años supe lo que era **b)** _____ amor; dos meses después ya sabía que con **c)** _____ amor hay dolor.

10. Quiero que me compres **a)** _____ libra de **b)** _____ carne que se vende en esa carnicería de **c)** _____ calle Aguilar, pero si no la tienen, tráeme **d)** _____ carne de cualquier carnicería.

11. Sé que Benjamín no es **a)** _____ abogado, sino **b)** _____ dentista muy hábil.

12. Aunque existen **a)** _____ medios para aliviarla, **b)** _____ hambre sigue siendo **c)** _____ problema más grande de **d)** _____ mundo.

13. **a)** _____ bueno es que no habrá **b)** _____ clases **c)** _____ lunes, pero sin embargo voy a tener que estudiar **d)** _____ matemáticas y **e)** _____ lección de **f)** _____ física para **g)** _____ martes.

Preposiciones I

D **¿Un diálogo amoroso?** *Llene los espacios en blanco con una de las preposiciones indicadas. Algunas se usan más de una vez.*

con / contra / de / desde / en / entre / por / según / sin / tras

—Llueve aquí tanto **(1)** _____ verano como **(2)** _____ invierno, ¿verdad?

—Que no. ¿Por qué dices eso? Tú siempre hablas mal **(3)** _____ mi país, **(4)** _____ una queja **(5)** _____ otra.

—No, mujer, no estoy **(6)** _____ tu tierra. ¿No has notado que llevo **(7)** _____ lo menos diez minutos **(8)** _____ decir nada negativo?

—(Riéndose) **(9)** _____ tus ideas, aquí vivimos en un lago.

—Mejor nadamos, chica. La verdad es que me han salido unas pequeñas membranas **(10)** _____ los dedos de los pies.

—Pues, **(11)** _____ hoy podrás nadar mucho mejor, ¿no?

E **Expresiones adverbiales con «a».** *¿Qué frase a la derecha corresponde a los siguientes modismos?*

_____ 1. a la fuerza   **a)** hacer sin pensar

_____ 2. a oscuras   **b)** hacer sin tener luz

_____ 3. a tontas y a locas   **c)** sin hacerlo todo de una vez

_____ 4. a escondidas   **d)** hacer con pleno conocimiento

_____ 5. poco a poco   **e)** hacer sin querer

_____ 6. a lo loco   **f)** hacer sin revelárselo a otros

_____ 7. a ciegas   **g)** hacerlo sin ser muy sensato

_____ 8. a propósito   **h)** hacerlo con intención

_____ 9. a sabiendas   **i)** hacer sin saber

F **Mi mujer y mi rancho.** *Hace dos años yo me atreví a comprar un rancho muy bonito. Explique las reacciones de mi mujer a esa compra a base de los siguientes elementos. Use el pretérito o el imperfecto.*

1. al principio / oponerse a / ...

_____

_____

2. ella / pensar / nosotros / arriesgarse a / ...

_____

_____

3. ella / no querer / aventurarse a / ...

_____

_____

4. ella / animarse / al ver / ...

_____

_____

5. entonces / ella / meterse a / ...

_____

_____

6. por fin / ella / comprometerse a / ...

_____

_____

G **La preposición «a».** _Escriba la preposición «a» en los espacios en blanco si hace falta. Si no, escriba una X. Haga contracciones cuando sea apropiado._

1. No conozco **a)** _____ nadie **b)** _____ quien le guste hacer cola.

2. Eduardo sabe cocinar _____ la maravilla.

3. Esos pájaros les dan de comer gusanos e insectos _____ sus pajaritos.

4. Cuando por fin llegamos _____ el teatro, nos dijeron que no quedaban más entradas.

5. Mi papá tiene que trabajar sólo cuatro días _____ la semana.

6. Esteban vino **a)** _____ decirnos que no había podido encontrar **b)** _____ nuestra querida perrita perdida.

7. Ana dejó caer el plato **a)** _____ propósito para llamarle la atención **b)** _____ su distraído marido.

8. Cuando estudies, trata de no traducir _____ el inglés.

9. Martita empezó **a)** _____ gritar de miedo cuando vio acercársele **b)** _____ el perro.

10. El demagogo incitó **a)** _____ sus oyentes **b)** _____ subir **c)** _____ el Capitolio.

11. Necesito _____ un abogado que no cobre muy caro.

12. El pobre David tuvo que volver **a)** _____ casa **b)** _____ pie **c)** _____ oscuras porque se le había descompuesto el auto mientras regresaba del trabajo.

13. Poco _____ poco voy dándome cuenta de lo interesante que es la gramática.

14. Tenían _____ el asesino múltiple en un presidio de máxima seguridad.

15. —¿ _____ cuánto estamos?

—Hoy es el 22.

7.3 $\boxed{\text{S E C C I Ó N   L É X I C A}}$

A **Prefijos y sufijos de origen griego.** *Las palabras de la lista de la derecha contienen prefijos y sufijos griegos. Escriba en el espacio en blanco la letra de la palabra que corresponda a su definición de la lista de la izquierda.*

1. ___ Templo dedicado a todos los dioses. **a.** anónimo

2. ___ Vista que lo abarca todo. **b.** ateísta

3. ___ De un solo color. **c.** disfuncional

4. ___ Enfermedad del estómago. **d.** esferoide

5. ___ Miedo a los forasteros. **e.** eufonía

6. ___ Sin nombre. **f.** francófilo

7. ___ Obsesión con la importancia de uno mismo.   **g.** gastropatía

8. ___ Sistema en el que mandan los ricos.   **h.** hipersensible

9. ___ Persona que no cree en Dios.   **i.** homogéneo

10. ___ Hospital.   **j.** megáfono

11. ___ Parecido a una esfera.   **k.** megalomanía

12. ___ Excesivamente sensible.   **l.** metafísico

13. ___ Enfermedad que se contagia en una escala global.   **m.** microlentilla

14. ___ Persona que siente amor por los franceses.   **n.** monocromo

15. ___ Condición de no funcionar bien.   **ñ.** monolito

16. ___ Piedra grande en forma de una columna.   **o.** pandemia

17. ___ Hombre que tiene más de una esposa.   **p.** panorama

18. ___ Condición de tener un contenido uniforme.   **q.** panteón

19. ___ Lente de contacto.   **r.** plutocracia

20. ___ Relacionado con lo trascendente.   **rr.** policlínica

21. ___ Aparato que amplifica el sonido.   **s.** polígamo

22. ___ Sonoridad agradable.   **t.** xenofobia

B ¿**«Parecer»** o **«parecerse a»**? *Complete las siguientes oraciones con una forma de «parecer» o «parecerse a» según el contexto. Tenga cuidado con el tiempo verbal que use y haga contracciones cuando sea necesario.*

1. Ese hombre **a)** _____ mi tío Luis tanto que

    b) ¡_____ gemelos!

2. El cuarto de Lupita _____ un desastre por estar tan desa-

rreglado.

3. Esta película **a)** _____ la que vimos el fin de semana pasa-

do, y hasta los actores de ésta **b)** _____ los de ésa. ¿Será

la misma?

4. Con el cuello tan largo, esa mujer _____ un cisne, ¿no?

5. Después de llevar muchos años juntos, algunos matrimonios llegan a

_____ bastante.

6. Tu piscina _____ un lago, ¡de lo grande que es!

7. Me equivoqué en el hotel y traté de entrar en la habitación de al lado porque

la puerta _____ la de la mía.

8. Todos los niños **a)** _____ unos ángeles cuando están

dormidos, pero despiertos, algunos **b)** _____ Dennis the

Menace.

C **Un poema tonto.** *Traduzca las palabras en inglés al español para completar el
siguiente poema. Al final, intente añadir algunos versos originales. Cada verso
debe tener once sílabas y una rima asonante (sólo de vocales).*

1. Él me invitó _____;   at the beginning of March

yo se lo acepté _____.   at the end of May

2. Él me invitó a bailar el vals y el tango;

yo dije «que no», escribiendo _____.   by hand

3. Él me invitó a un restaurante muy mono;

yo preferí hacer manzanas _____.   baked

4. Él me invitó a una sesión de teatro;

   yo preferí ir a montar _____.   horseback (riding)

5. Él me invitó a un buen museo de arte;

   yo preferí caminar _____.   through the park

6. Él me invitó a darle un beso y un abrazo;

   yo _____ ofrecerle un canto.   began

7. Él me invitó a _____ su madre;   to meet

   yo le dije «que sí», un poco más tarde.

8. Él me invitó... _____;

   yo _____.

9. Él me invitó... _____;

   yo _____.

10. Él me invitó... _____;

   yo _____.

Ahora, escriba un párrafo en que Ud. analiza brevemente las diferencias entre «él» y «yo».

_____

_____

_____

_____

_____

A **Trozos de una carta amarga.** *La siguiente carta resulta confusa porque se ha suprimido toda la puntuación menos los puntos, los signos de admiración y los signos de interrogación. Póngalos.*

Querida Estela

No entiendo dudo que pues no sé qué responderte. Cuando me escribiste ya no quiero verte más se me ocurrieron dos preguntas ¿cómo puede ser? y ¿qué hice yo? Yo creía que eras feliz así me lo parecías saliendo conmigo Fuimos a tantos lugares al cine al teatro a la playa Después de todas nuestras citas y excursiones siempre me decías lo mismo ¡Cómo me encanta tu compañía! ¿Qué ha pasado? ¿Yo me he convertido en un Mr. Hyde ? ¿No fui para ti nada más que un tour guide que sólo servía para distraerte? Recuerdo bien nuestra última conversación

¿Tendrías interés en acompañarme a una función de la ópera?

¡Ay claro Antonio me gustaría mucho cuando quieras!

¿Así que ahora no quieres verme más? Esto me ha herido en lo más profundo. Me has ¿cómo pudiste? me quedo No no puedo creer ¿cómo creer que fueras capaz de tal abuso de mi afecto? que quieras romper conmigo. Escríbeme pronto para

B **¿Cuál es la diferencia?** *Es bastante común que los propietarios de animal doméstico, cuya mascota es vieja o está muy enferma, la lleven al veterinario para hacerla matar y que no sufra más innecesariamente. Por otra parte, en varios de los estados que tienen pena capital, se mata a los condenados a muerte poniéndoles una inyección mortal. Hay muy pocos que se oponen a que los propietarios hagan terminar con compasión la vida de su mascota, hay bastantes que le ponen objeción a matar a un condenado con una inyección, pero hay muchísimos que no creen que se pueda justificar la eutanasia como opción para terminar el sufrimiento de los incapacitados y de los que tienen enfermedades incurables. Ya que todos son actos de eutanasia, de una forma u otra, ¿cómo se explican estas diferentes reacciones y creencias? ¿Cuáles de estos actos de eutanasia son justificables para Ud. y cuáles no? ¿Por qué?*

_____

_____

_____

_____

_____

_____

_____

_____

_____

_____

_____

_____

_____

_____

C **Un ensayo.** *El ensayo «¿Es justificable la eutanasia?» consta de dos partes: la primera sirve para informarle al lector sobre qué ha motivado al autor a escribir; la segunda, para enumerar sus observaciones e ideas en respuesta. Escoja algún asunto social que a Ud. le importe y escriba un breve ensayo sobre él, siguiendo la misma pauta* (pattern) *que el escrito de Ginés.*

_____

_____

_____

_____

_____

_____

_____

_____

CAPÍTULO 7

CAPÍTULO 8

8.1 ┌L E C T U R A┐

«No moleste, calle y pague, señora» (Lidia Falcón)

A **Un resumen.** *Complete el párrafo siguiente con los vocablos presentados a continuación.*

alterado	bufando	estrado	rehenes
arañazos	colérico	ira	retransmite
un asilo	la comisaría	el lateral izquierdo	reventado
unos atracadores	una denuncia	mesándose	se da por aludido
a trompicones	en cabestrillo	un puro	el talón
balbucea			

Después de levantarse **(1)** _____ , se ve a Magda, que ha venido a

(2) _____ para presentar **(3)** _____ contra su marido. La pobre

está mal vestida y lleva un ojo morado, **(4)** _____ en la cara y un brazo

(5) _____ . Se acerca **(6)** _____ al **(7)** _____ donde

está sentado el inspector, quien está fumando **(8)** _____ y limpiándose las

uñas mientras escucha un partido de fútbol que **(9)** _____ una radio. A

Magda le cuesta mucho trabajo para que le preste atención el inspector, quien no

(10) _____ . Magda, indecisa, le **(11)** _____ al policía que el

marido de ella la ha echado de casa y que le ha amenazado con meter a sus hijos en

(12) _____ . Pero el inspector se pone **(13)** _____ , no por el daño que el esposo le ha hecho a Magda, sino por haber molestado ella a su marido, **(14)** _____ de trabajar. En este momento otro policía entra, **(15)** _____, en la oficina con la noticia de que **(16)** _____ han asaltado un banco y que han tomado a veinte personas como **(17)** _____. El inspector reacciona **(18)** _____, **(19)** _____ los cabellos, y enumera toda una lista de los que él considera enemigos del estado. Descarga su **(20)** _____ en la pobre mujer y le manda que se marche. Ella se va lloran-do y sale por **(21)** _____. Después, el inspector vuelve a fumar y a escuchar la radio como si no hubiera pasado nada.

B **Asociaciones.** *Escoja la palabra o frase que no tenga relación con las otras dos.*

	a	b	c
1. _____	comisaría	cafetería	estación
2. _____	cortina	telón	águila
3. _____	puro	limpio	cigarro
4. _____	con dificultad	a trompicones	con música
5. _____	denuncia	acusación	divulgación
6. _____	orfanato	ayuda	asilo
7. _____	relato	narración	pariente
8. _____	dibujar	dar vueltas	retorcer
9. _____	atracar	asaltar	percibir
10. _____	ira	movimiento	furia
11. _____	distinto	agitado	alterado
12. _____	ademán	gesto	esperanza
13. _____	enojado	enfermo	colérico
14. _____	rehenes	ladrones	gente atrapada
15. _____	bofetón	golpe	payaso

C **Movimientos.** *Todos estos movimientos ocurren en la lectura. Describa cada uno con una oración completa.*

1. _____

The inspector pulls on his hair.

_____

_____

_____

2. _____

He shakes his head "yes."

_____

_____

_____

3. _____

He points toward the door.

_____

_____

_____

4. _____

He cleans his fingernails.

_____

_____

_____

5. _____

He rubs his hands.

_____

_____

_____

6. _____

He twists and turns in his chair.

_____

_____

_____

7. _____

He applauds.

_____

_____

_____

8. _____

He smokes a cigar.

_____

_____

_____

9. _____   10. _____

He squeezes a subordinate's arm.   He makes a sudden movement—
from surprise.

_____   _____

_____   _____

_____   _____

D **¿Formas de comunicación?** *Sin consultar la lectura, llene los espacios en blanco con la letra que corresponda a la traducción correcta.*

_____ 1. balbucear   **a)** to grunt

_____ 2. bufar   **b)** to shout

_____ 3. chillar   **c)** to snort

_____ 4. gruñir   **d)** to cry

_____ 5. llorar   **e)** to stammer

_____ 6. gritar   **f)** to scream

A **Parejas de preposiciones.** *¿Cuándo debe emplearse «a», «de», «en» o «con»? Para facilitar su práctica con las preposiciones, se presentan, a continuación, varios párrafos que contrastan el uso de sólo dos preposiciones a la vez. Llene los espacios en blanco con una de las dos preposiciones indicadas. Use una contracción («al», «del») cuando sea necesaria.*

1. ¿«A» o «de(l)»?

La mujer vino **a)** _____ la comisaría (*police station*) **b)** _____ quejarse **c)** _____ su marido porque quería protestar **d)** _____ los malos tratos de él. En cuanto el inspector se enteró **e)** _____ (el) asunto, se puso **f)** _____ parte **g)** _____ (el) marido. La mujer se atrevió **h)** _____ insistir con el inspector, pero **i)** _____ (el) final, tuvo que cambiar **j)** _____ táctica: se olvidó **k)** _____ su denuncia y se fue.

2. ¿«En» o «de(l)»?

El subinspector insistió **a)** _____ hablar con su jefe, porque varios ladrones habían entrado **b)** _____ un banco. El inspector se puso rojo **c)** _____ ira porque **d)** _____ ese mismo momento la radio gritó otro gol **e)** _____ (el) partido de fútbol que el inspector escuchaba con ávido interés. Entonces el inspector le preguntó a la mujer por qué se preocupaba tanto por un bofetón más o menos cuando el país estaba **f)** _____ peligro. Ella seguramente pensó que el inspector le hablaba **g)** _____ broma, pero, no, se lo decía absolutamente **h)** _____ serio. La pobre mujer no podía confiar **i)** _____ nadie. Se apoyó momentáneamente **j)** _____ el escritorio del inspector, vacilando **k)** _____ aceptar toda la verdad de su situación.

3. ¿«En» o «con»?

La mujer se lo había preguntado muchas veces recientemente: ¿Por qué se casó **a)** _____ su marido? Siempre había soñado **b)** _____ alguien tierno y cariñoso, pero él nunca era así. ¿Fue una reacción contra los deseos de sus padres? ¿Se empeñó **c)** _____ casarse **d)** _____ él porque a ellos no les caía bien? No sabía por cierto, pero no podía aguantar más. Tenía que acabar **e)** _____ estas circunstancias antes de convertirse **f)** _____ una persona incapaz de reconocerse a sí misma. Como él ya no se molestaba **g)** _____ fingir nada, ella tampoco lo haría. Y si no pudieran quedar **h)** _____ algún acuerdo lógico y razonable, ella no tardaría **i)** _____ dejarlo. Tenía que confiar **j)** _____ tal plan de acción y seguirlo o ella seguramente pensaría **k)** _____ cometer un crimen.

B **¿Qué preposiciones?** *Llene los siguientes espacios en blanco con la preposición correcta. Ahora no se limitan a sólo dos. Incluso hay algunos espacios que no necesitan nada, en los cuales se debe escribir una X. Use una contracción cuando sea necesaria.*

Hacía semanas que la mujer buscaba **(1)** _____ una solución **(2)** _____ su dilema, pero no conseguía **(3)** _____ encontrar ninguna que realmente le satisficiera. Por eso, después **(4)** _____ varios meses, se dirigió **(5)** _____ la comisaría, llena **(6)** _____ esperanza. Pero no contó **(7)** _____ la reacción **(8)** _____ (el) inspector. ¿**(9)** _____ quién se le habría ocurrido pensar que el inspector se enojaría **(10)** _____ ella? Bueno, cuando no logró **(11)** _____ nada positivo **(12)** _____ él, volvió **(13)** _____ casa deshecha y totalmente resignada. Fue entonces cuando ella pensó **(14)** _____ …

C **Reglas para vivir.** *Complete la expresión «Ud. debe...», traduciendo las siguientes frases al español.*

1. Ud. debe _____   abstain from drinking

_____

2. Ud. debe _____   stop smoking

_____

3. Ud. debe _____   get rid of bad friends

_____

4. Ud. debe _____   repent for having

_____   done evil

5. Ud. debe _____   flee from all

_____   temptation

6. Ud. debe _____   forget fairy tales

_____

7. Ud. debe _____   be on your knees

_____   more

8. Ud. debe _____   act in good faith

_____   always

9. Ud. debe _____   be ashamed for not

_____   feeling pity for others

10. Ud. no debe_____   never boast about

_____   anything

D **Un desafío.** *Invente oraciones originales a base de los siguientes verbos y preposiciones.*

1. compadecerse de _____

_____

2. padecer de _____

_____

3. avergonzarse de _____

_____

4. comprometerse con _____

_____

5. empeñarse en _____

_____

E   **Unas preposiciones más.** *Llene los siguientes espacios en blanco con la preposición correcta. Hay algunos espacios que no necesitan nada, en los cuales se debe escribir una X. Use una contracción cuando sea necesaria.*

1. Cuando los chicos acabaron **a)** _____ ver la exhibición, quedaron **b)** _____ volver **c)** _____ el museo con Francisco.

2. Daniel se puso _____ gritar cuando se le acercó el dentista.

3. Debemos _____ esperar aquí hasta las cinco.

4. La señora tardó _____ contestarme y me puse furioso.

5. Ricardo se obstina **a)** _____ decir tonterías y se niega **b)** _____ hablar en serio.

6. ¿Viniste **a)** _____ hablar **b)** _____ Margarita y no te acordaste **c)** _____ llamarla antes?

7. Ofelia se arrepintió **a)** _____ venir al cine e insistió **b)** _____ regresar sin mirar toda la película.

8. El aburrido orador empezó **a)** _____ presentar un análisis detallado del desconocido personaje y decidimos **b)** _____ irnos porque no podíamos **c)** _____ resistir otra hora de aburrimiento.

9. Paco se enamoró **a)** _____ Marta y se casó **b)** _____ ella poco después.

10. Si el éxito del proyecto depende **a)** _____ mi ayuda, podéis contar **b)** _____ mi apoyo.

11. Jorge acababa **a)** _____ terminar sus tareas cuando su compañero de cuarto entró **b)** _____ la habitación.

12. Marcos nunca se ha interesado **a)** _____ limpiar su apartamento, que a veces huele **b)** _____ basura.

13. **a)** _____ verano sirvo **b)** _____ voluntario en un hospital que está cerca **c)** _____ mi casa.

14. Si Uds. trataran **a)** _____ impedirle **b)** _____ venir, no tendrían éxito porque ése siempre se sale **c)** _____ la suya.

15. Juan buscaba **a)** _____ el verdadero sentido de la vida, pero nunca dio **b)** _____ nada que le sirviera **c)** _____ explicación razonable.

16. Oliver Twist se atrevió **a)** _____ pedir **b)** _____ más budín.

17. Marta y yo pensamos **a)** _____ viajar por el Canadá cuando terminemos **b)** _____ estudiar este año.

18. Quise **a)** _____ decirle a Julia lo de su novio, pero ella se negó **b)** _____ escucharme.

19. La mamá le recordó **a)** _____ el niño que limpiara su cuarto para que el chico no se olvidara **b)** _____ hacerlo.

20. De niño, yo soñaba **a)** _____ ser piloto, pero más tarde me di cuenta

b) _____ que no veía bastante bien para esa profesión y dejé **c)** _____

pensar **d)** _____ eso.

8.3 | S E C C I Ó N   L É X I C A |

A **¿Qué quieren decir?** *Determine el sentido de las palabras en cursiva según el contexto y escriba en el espacio en blanco la palabra inglesa correspondiente.*

1. Hay una gran *discrepancia* entre las dos versiones del accidente.

   _____

2. La mujer reportó con *amargura* el abuso que había sufrido.

   _____

3. En la *oscuridad* no se podía distinguir nada. _____

4. Por ser tan popular la película, asistía al cine una gran *multitud* de gente

   cada noche. _____

5. A pesar de tener Marta sólo quince años, a todos les llamaba la atención su

   madurez. _____

6. Rodeada de gente desconocida, la joven miraba de reojo con *inquietud* a los

   desconocidos. _____

7. La vida de la Madre Teresa ha inspirado a muchos por su *espiritualidad.*

   _____

8. Durante la fiesta, los invitados se disgustaron por la *embriaguez* de Andrés,

   quien tomó mucho más vino de lo debido. _____

9. Una persona generosa comprende y perdona las *flaquezas* de sus amigos.

   _____

10. A mí me importa mucho la *limpieza*; quiero que todo esté bien arreglado y

en su lugar. _____

11. La *adolescencia* puede ser un período bastante difícil para muchos jóvenes.

_____

12. En cambio, la *vejez* también les puede ofrecer muchos problemas a los

ancianos. _____

13. Estos muebles son de *hechura* muy buena; se nota su calidad de inmediato.

_____

14. Con tanto llover y el calor incesante, la *humedad* resultante les molestaba a

todos. _____

15. La *rareza* de las contestaciones del estudiante consternaba a todos sus

maestros. _____

16. Compré estas sábanas por su *suavidad*; dormir sobre ellas es como dormir

sobre una nube. _____

17. Para ser locutor de radio, importa mucho la *resonancia* de la voz.

_____

18. Ricardo hacía tantas *locuras* que nadie lo tomaba en serio.

_____

B **¡Atención!** *Traduzca las siguientes oraciones al español, siempre empleando un modismo con la palabra «atención».*

1. It makes me mad that my husband reads the paper and doesn't pay attention

to me.

_____

_____

2. We wrote that we were thankful for their kindness.

_____

_____

3. Javier was surprised that Sara wasn't at the meeting and in view of that, he left early to look for her.

_____

_____

4. His father reprimanded José for not helping more with the household chores.

_____

_____

5. The dresses that the actresses wore at the debut (*estreno*) attracted a lot of attention.

_____

_____

A **Un diálogo vivo.** *Originariamente se usaron sólo formas de «decir» para indicar el intercambio entre las dos personas del siguiente diálogo. Como eso resultaba algo monótono, se han eliminado todas esas formas. Sustitúyalas con formas de los verbos de la lista que se da a continuación, usando el pretérito. No use más de dos veces el mismo verbo. Si no se necesita un pronombre de complemento indirecto según el verbo elegido, táchelo del texto.*

anunciar	gritar	pedir	quejarse	señalar
añadir	insistir	preguntar	razonar	responder
contestar	murmurar	prometer	repetir	
exclamar	observar	protestar	replicar	

—¡Qué mañana más linda! —le **(1)** _____ Susana al abrir la ventana—. En un día así me dan ganas de ir al parque. ¿Qué te parece, Manolo? —le **(2)** _____.

—Pues, para mí —le **(3)** _____ su esposo—, como dicen que hoy va a llover, creo que será mejor que nos quedemos en casa.

—¡Ay, no! —le **(4)** _____ Susana—. Nunca quieres salir de casa. Nunca me llevas a ningún lugar —le **(5)** _____.

—Eso no es cierto —le **(6)** _____ Manolo—. ¿No te llevé a cenar el mes pasado? —le **(7)** _____.

—¡El mes pasado! —le **(8)** _____ su esposa—. ¡Esto es como decirme el año pasado! —le **(9)** _____.

—No exageres, mi amor —le **(10)** _____ Manolo—. ¿Para qué quieres salir tanto? —le **(11)** _____.

—¡Mira! —le **(12)** _____ Susana—. Yo voy a aprovechar este bonito día. Me encantaría que lo pasaras conmigo, pero de todos modos yo voy a salir —le **(13)** _____.

—No te pongas así, querida —le **(14)** _____ tiernamente Manolo—. Tal vez no vaya a llover, y siempre podemos llevar un paraguas por si acaso —le **(15)** _____—. Espérame un ratito y estaré listo para acompañarte adonde quieras —le **(16)** _____.

—Gracias, mi amor —le **(17)** _____ Susana—. Verás, hoy vamos a divertirnos fenomenalmente.

B **Los aficionados a los deportes.** _En «No moleste, calle y pague, señora», la afición al fútbol del inspector lo distrae y le impide cumplir con su deber con respecto a Magda. ¿Es Ud. aficionado/a a algún deporte? Si lo es, ¿a cuál(es)? Cuando juega su equipo favorito, ¿se pone como el inspector, sin ganas de admitir distracciones de ningún tipo? ¿Por qué? Si Ud. no es aficionado/a, ¿qué piensa del fanatismo que algunos aficionados tienen por su equipo preferido? ¿Siente el mismo tipo de entusiasmo por otra actividad como el que sienten los aficionados al deporte? ¿Cómo se explica eso?_

_____

_____

_____

_____

_____

_____

_____

_____

_____

_____

_____

C **«No moleste, calle y pague, señora»: un análisis.** *Conteste las siguientes preguntas sobre la lectura de este capítulo.*

1. ¿Qué elementos hacen muy evidente la tradición patriarcal (o machista) en este pequeño drama?

_____

_____

_____

_____

2. ¿Cómo contribuye la posición física de Magda a hacerla parecer «inferior» con respecto al inspector en la escena?

_____

_____

_____

_____

3. Además de ser machista, ¿es que el inspector sencillamente no es ni cortés ni muy bien educado? ¿De qué manera?

_____

_____

_____

4. ¿Es que Magda no es víctima una sola vez? Explique por qué no.

_____

_____

_____

5. En su cólera, el inspector enumera a diversos tipos peligrosos en la sociedad. Desde su perspectiva, ¿la mujer también podría incluirse en esa lista? Explique.

_____

_____

_____

CAPÍTULO 8

9.1 | L E C T U R A |

«Espejo del tiempo» (José María Méndez Calderón)

A **Un resumen.** *Complete el párrafo siguiente con los vocablos presentados a continuación.*

advirtió	disimulada	había perdido	paso
atrevidos	enloquecido	halagar	pasó revista
bibliográfica	una especie	ignoraba	perder el sentido
una campana	la fachada	jubilado	pese a
concedido	los gestos	nítida	registros
condecorado	había echado	ondas	sobreponerse
cuernos	se había fugado		

El profesor **(1)** _____, Pedro Benavides, estaba bien contento con su vida: se le había **(2)** _____ un terreno en que vivir, tenía ahorros en el banco y se le había **(3)** _____. **(4)** _____ de **(5)** _____ transparencia protegía su casa del **(6)** _____ de cosas molestas y **(7)** _____ de la casa estaba cubierta de materiales preciosos. Había inventado muchos aparatos, entre ellos una computadora **(8)** _____, **(9)** _____ de teletipo que transmitía al cerebro el contendido de sus **(10)** _____ por medio de **(11)** _____. También había hecho viajes **(12)** _____ a siete planetas y, lo más importante tal vez, parecía que su esposa Elena seguía amándolo. **(13)** _____ las leyes, guardaba en secreto tres invenciones suyas. Su esposa cumplía años y Pedro la quería **(14)** _____ montando la imagen de una media luna donde había brillado la luna verdadera antes de su destrucción. Elena se veía muy bella, pero Pedro **(15)** _____ su sonrisa mal **(16)** _____ cuando ella lo vio parar en frente de la media luna, lo cual le daba la apariencia de tener **(17)** _____.

Pedro **(18)** _____ a la historia de su matrimonio y se acordó de las ausencias y de **(19)** _____ de Elena que delataban la infidelidad conyugal de ella. Pedro tuvo celos y no pudo **(20)** _____, sino que usó su detector de pensamientos, el cual le reveló que Elena pensaba que su marido **(21)** _____ su falta de fidelidad. **(22)** _____, Pedro la mató con su pulverizador protónico antes de **(23)** _____. Sólo después se supo que Pedro **(24)** _____ la llave por dentro y que **(25)** _____ la razón al enterarse de que su mujer **(26)** _____ con un joven.

B **Asociaciones.** _Llene los espacios en blanco con la letra de la palabra no asociada con las otras dos._

	a	b	c
1. _____	súbito	alto	repentino
2. _____	preocupante	inquietante	incesante
3. _____	controlarse	sobreponerse	vestirse
4. _____	arrodillar	recostar	reclinar
5. _____	espantado	audaz	atrevido
6. _____	dar	conceder	rendir
7. _____	suspecha	índice	indicación
8. _____	fugarse	escapar	desmayarse
9. _____	acceso	entrada	ataque
10. _____	cargos	gestos	expresiones

11.	_____	archivos	registros	calculaciones
12.	_____	paso	salto	entrada
13.	_____	acrecentar	aumentar	levantar
14.	_____	no saber	pasar por alto	ignorar
15.	_____	a fin de	al cabo de	después de
16.	_____	delatar	perseguir	acosar
17.	_____	disimulado	escondido	diferente
18.	_____	a pesar de	a causa de	pese a
19.	_____	desechar	rechazar	romper
20.	_____	igualar	parecer	semejar
21.	_____	nítido	limpio	claro
22.	_____	obstáculo	pedimento	petición
23.	_____	darse cuenta de	advertir	promover
24.	_____	acusar	señalar	denunciar
25.	_____	ahorrar	quedarse con	conservar

9.2 SECCIÓN GRAMATICAL

Por y para

A ¿**«Por» o «para»**? *Sin traducir todo el párrafo, ¿usaría Ud. «por» o «para» en las expresiones que se dan entre paréntesis?*

The ferry was late. Tío Juan's arrival had been delayed **1.** (for) _____ nearly three hours. **2.** (On account of) _____ that delay, nobody could take the return ferry **3.** (for) _____ Santa María. That was a real disappointment **4.** (for) _____ the children. They were **5.** (on the verge) _____ of crying when Tío Juan opened an enormous bag he was carrying, rummaged **6.** (around in) _____ it with his oversized hand, and finally pulled out several chocolate bars, one **7.** (for) _____ each child. Incipient tears were dried **8.** (by) _____ everyone. **9.** (By) _____ nine o'clock the children were in bed and their parents ready **10.** (to) _____ eat the wonderful fish Tío Juan had brought from Santa María.

B **Números y más números.** *Llene los espacios en blanco con «por» o «para».*

1. Tres _____ cinco son quince.

2. Faltan diez minutos _____ las tres.

3. Sesenta segundos _____ minuto.

4. Sólo trabaja _____ hora.

5. Hace mucho calor _____ el 31 de diciembre.

6. El noventa _____ ciento.

7. Lo mandaron al banco _____ 100 dólares.

8. Este informe es _____ el primero de julio.

C **¿Cómo se dice?** *Exprese las siguientes frases con «por» o «para» en español.*

1. on the other hand _____

2. wine goblets _____

3. therefore _____

4. headache remedies _____

5. snow tires _____

6. unfortunately _____

7. in writing _____

8. for the time being _____

D **Oraciones originales.** *Invente oraciones a base de los siguientes elementos.*

1. acabar por: _____

2. optar por: _____

3. esforzarse por: _____

4. estar para: _____

5. trabajar para: _____

6. para ser: _____

7. votar por: _____

8. trabajar por: _____

E **¿«Por» o «para»?: un poco de todo.** *Llene los espacios en blanco con «por» o «para», según el contexto.*

1. _____ algunos estudiantes, este curso puede ser difícil.

2. Me quedé en casa anoche _____ mirar mi programa de televisión favorito.

3. Marcos está **a)** _____ acá porque lo vi entrar **b)** _____ esa puerta cuando regresó después de ir **c)** _____ más cerveza.

4. El gran patriota murió _____ sus convicciones.

5. Tengo que hacer la tarea _____ este viernes.

6. Yo trabajo **a)** _____ mi tío, pero él no me paga mucho y **b)** _____ eso muchas veces le pido a mi hermano que me sustituya cuando salgo **c)** _____ entrevistarme con otras compañías **d)** _____ poder encontrar un trabajo que me pague más. Yo no quiero trabajar **e)** _____ tan poco dinero.

7. Siempre nos gusta ir **a)** _____ barco cuando salimos **b)** _____ Europa, porque navegar **c)** _____ mar nos divierte mucho.

8. Le mandó su oreja cortada a su antigua novia **a)** _____ mostrarle el gran amor que él se sentía **b)** _____ ella todavía, pero, **c)** _____ supuesto, ella no quiso recibir tal regalo **d)** _____ ser tan asqueroso; **e)** _____ ella, fue el acto de un pintor loco.

9. Mi meta es poder correr cuatro millas **a)** _____ hora **b)** _____ el fin de la primavera.

10. La madre castigó a su hijo _____ ser tan travieso.

11. _____ ser tan joven, ese chico es grandísimo.

12. _____ ser tan grande, ese chico ya juega al baloncesto.

13. El poeta recibió un premio _____ su colección de poemas.

14. Va a llegar _____ las dos de la tarde, según su carta.

15. Jorge está aquí sólo _____ ganar dinero.

16. Ellos están aquí _____ el mal tiempo.

17. Le pagan mucho _____ su trabajo.

18. _____ un niño de sólo tres años, sabe mucho.

19. Esos regalos son _____ sus parientes.

20. Probablemente los compraron _____ poquísimo dinero.

21. Lo voy a preparar _____ el próximo martes.

22. Ese poema fue escrito _____ José Martí.

23. Ellos salen hoy **a)** _____ avión **b)** _____ Alemania.

24. Este cuaderno es _____ ti.

25. Cambiaron los diamantes _____ esmeraldas.

26. Pienso votar _____ el candidato demócrata.

27. La luz de la luna entraba _____ la ventana de la celda.

28. Salió _____ (a través de) el patio.

29. **a)** _____ lo menos pagó parte de lo que nos debía

   b) _____ arreglar su coche.

30. Esa tarjeta de crédito es _____ el Sr. Acevedo Díaz.

31. Lo hizo _____ (a beneficio de) su cuñado.

32. La niña tuvo pesadillas **a)** _____ estar sola **b)** _____ la noche.

33. Me dio diez pesos _____ limpiarle el coche.

34. Estudié **a)** _____ cinco horas anoche **b)** _____ poder saber todo lo de la lección **c)** _____ mañana.

35. Después de graduarme, quiero trabajar **a)** _____ Microsoft porque es obvio que **b)** _____ el año 2025 Bill Gates se habrá convertido en el dueño absoluto de toda la Tierra.

36. En otoño nos encanta dar un paseo **a)** _____ el parque **b)** _____ disfrutar de todos los colores de los árboles.

37. No, ésas son copas **a)** _____ champaña. Necesito unas **b)** _____ vino tinto.

38. En vez de vender la vaca en el mercado, como le había instruido su mamá, Juanito aceptó de un viejo misterioso unas semillas encantadas _____ el animal.

39. Hace varias noches que no puedo dormir _____ el ruido que hacen los vecinos.

40. Te voy a llamar **a)** _____ teléfono esta noche **b)** _____ ver si mañana quieres salir conmigo **c)** _____ la Florida. Espero haber pasado **d)** _____ Chicago **e)** _____ las once de la mañana **f)** _____ lo menos **g)** _____ poder evitar el tránsito de la hora de almorzar.

41. ¡Mil gracias **a)** _____ el regalo! ¡Qué vergüenza, no tengo nada **b)** _____ ti!

42. No entiendo a mi compañero de cuarto. **a)** _____ un joven de casi veinte años, hace las cosas más infantiles. **b)** _____ ejemplo, toca la guitarra **c)** _____ toda la noche y **d)** _____ eso nadie puede dormir. **e)** _____ ser un adulto, debe portarse más responsablemente. Estudia **f)** _____ médico, pero **g)** _____ supuesto nunca lo va a ser **h)** _____ no dedicarse bastante a sus estudios.

43. A mi tía le di un camioncito _____ mi sobrino.

44. **a)** _____ que lo sepas, no pienso salir con tu primo ni **b)** _____ un millón de dólares.

45. En los Estados Unidos el viernes 13 es el día de mala suerte, pero _____ nosotros, es el martes 13.

Locuciones prepositivas

F **Antónimos.** *¿Qué expresión de la derecha significa lo contrario de cada expresión de la izquierda?*

_____ **1.** Yo estoy enfrente del edificio.   **a)** dentro de

_____ **2.** Pero estoy lejos del lago.   **b)** debajo de

_____ **3.** La sandía está fuera del refrigerador.   **c)** a través de

_____ **4.** Un chico está separado del otro.   **d)** cerca de

_____ **5.** Los libros están encima del pupitre.   **e)** de espaldas a

_____ **6.** Anduvo alrededor del barrio.   **f)** junto a

G **Traducciones.** *Exprese en español las siguientes locuciones prepositivas. Use contracciones cuando sea necesario.*

1. (After) _____ una semana laboral bastante dura, el sábado por la mañana decidí visitar la pinacoteca (*art museum dedicated solely to paintings*) que estaba **2.** (in front of) _____ el banco en la plaza mayor. Cuando llegué, sin embargo, me desanimé un poco al ver a mucha gente que hacía cola **3.** (outside of) _____ el museo. Luego me acordé de que acababan de anunciar una exhibición especial de unas obras de Picasso y sin duda había tanta gente **4.** (because of) _____ eso. **5.** (Despite) _____ tener muchas ganas de ver las obras, me pareció mejor ir a otro lugar **6.** (instead of) _____ hacer cola, ya que había más de cincuenta personas **7.** (in front of) _____ mí. Entré en un café que estaba **8.** (next to) _____ la pinacoteca, me senté, pedí un café y pasé una hora allí, observando **9.** (through) _____ una ventana a la gente que seguía haciendo cola. Por fin decidí tratar de entrar en el museo una vez más y al fin pude entrar sin tener que esperar mucho. Una vez **10.** (inside) _____ el edificio, me dirigí a la exhibición especial, que estaba **11.** (separated from) _____ los otros cuadros del museo. Miré con mucho interés las obras de Picasso; **12.** (below) _____ cada cual había una etiqueta que daba el nombre de la obra **13.** (besides) _____ el año en que se pintó. **14.** (Before) _____ que me diera cuenta, ya era hora de cerrar la exhibición, pero pude ver todos los otros cuadros que quedaban por mirar **15.** (by dint of) _____ apresurarme y pasar de uno a otro rápidamente. Por fin los había visto todos, y tuve que admitir que **16.** (as far as) _____ encontrar una buena manera de relajarme, había acertado en ir a la pinacoteca.

9.3 SECCIÓN LÉXICA

A **«To take».** *Lea el siguiente párrafo y llene cada espacio en blanco con el equivalente apropiado de «to take».*

A poco de llegar al aeropuerto, mi mujer y yo **1.** (took) _____ un taxi. Sólo al **2.** (taking) _____ el taxista el dinero que le ofrecí, me di cuenta de que alguien **3.** (had taken) _____ casi todo mi dinero. Entonces, le pedí al taxista que nos **4.** (take) _____ a un banco, pero no quiso. Mientras tanto, mi hijo se había ensuciado la chaqueta y, por eso, tuvo que **5.** (take it off) _____. **6.** (He took out) _____ otra chaqueta de su maleta de mano, pero antes de ponérsela, decidió **7.** (to take) _____ una siesta. Él acababa de **8.** (taken) _____ un paseo y se había cansado. El avión **9.** (would take off) _____ dentro de cinco minutos, según el anuncio de la azafata. Yo había **10.** (taken) _____ la decisión de **11.** (taking) _____ un viaje porque realmente necesitaba **12.** (take) _____ un descanso.

B «To take». *Llene los espacios en blanco de las frases siguientes con el equivalente apropiado de «to take».*

1. Le debes _____ esos fósforos a ese niño antes de que trate de prender fuego a la casa.

2. Había una demora de media hora antes de que el avión _____.

3. Una ambulancia _____ al esquiador al hospital después del accidente.

4. El policía me pidió que _____ mi licencia para conducir.

5. ¡_____ Uds. esas botas sucias antes de entrar en la casa!

6. Rubén, no pude estar en clase hoy. ¿_____ apuntes en la conferencia?

7. Me gustaría _____ un viaje a Bariloche el invierno que viene.

8. Los paparazzi _____ muchas fotos de las estrellas de cine después del estreno (*debut*).

9. ¿Te interesa _____ un paseo conmigo por el parque esta tarde?

10. Mi abuelo típicamente _____ una siesta después del almuerzo porque le entra una modorra irresistible.

11. ¿A qué hora sales para _____ el autobús?

12. Después de terminar este proyecto, pienso _____ unas vacaciones bien merecidas.

13. El ladrón _____ la videocasetera y la computadora.

14. ¿El vino? Nunca lo _____.

C **Sustantivos formados con el participio pasivo.** *Ponga en el espacio en blanco la letra de la palabra que corresponda a cada definición.*

___ 1. Una persona que no cumple con sus obligaciones.   **a)** alumbrado

___ 2. Una tela especial hecha para un traje.   **b)** presumida

___ 3. Las luces que iluminan todo el recinto.   **c)** pedido

___ 4. Una persona vana y egoísta.   **d)** desobligada

___ 5. La semejanza entre los hermanos.   **e)** impreso

___ 6. Una solicitud hecha por diferentes servicios.   **f)** tejido

___ 7. Un acontecimiento o evento.   **g)** parecido

___ 8. Uno que es juzgado por un crimen o delito.   **h)** hecho

___ 9. Un accidente físico que puede ser sólo gracioso o también serio.   **i)** acusado

___ 10. Material de diversas formas que se lee.   **j)** caída

D **¿Adjetivo o sustantivo?** *En **a)** escriba una oración usando la palabra indicada como adjetivo; en **b)** escriba otra oración usándola como sustantivo.*

1. **a)** prometido/a: _____

    b) prometido/a: _____

2. **a)** bordado/a: _____

    b) bordado/a: _____

3. **a)** querido/a: _____

    b) querido/a: _____

4. **a)** herido/a: _____

    b) herido/a: _____

5. **a)** desconocido/a: _____

   b) desconocido/a: _____

9.4 │ P A R A   E S C R I B I R   M E J O R │

A **Una narración.** *Piense otra vez en las cualidades que caracterizan una narración interesante y entretenida: un buen comienzo, personajes y ambientes verosímiles, desarrollo completo sin caer en detallismo excesivo, inclusión de lo humano y de elementos dramáticos y el uso de diálogo para animar la lectura. Teniendo estas cualidades en cuenta, escriba una narración breve que tenga la misma estructura que «Espejo del tiempo», es decir, que narre un acontecimiento de una forma, y que luego presente otra versión inesperada del mismo.*

_____

_____

_____

_____

_____

_____

_____

_____

_____

B **Dos cuentos en uno.** *Hay varias maneras de interpretar la relación entre la primera parte de «Espejo del tiempo» y la segunda. ¿Son episodios semejantes, separados por un siglo? ¿Es la primera una fantasía personal del protagonista, engañado y trastornado, de nuestra época? ¿Es la segunda un resultado del empleo del espejo del tiempo que figura en la primera? Dé y explique Ud. su interpretación, apoyando sus ideas con referencias al texto.*

_____

_____

_____

_____

_____

_____

_____

_____

_____

_____

_____

_____

CAPÍTULO *10*

10.1 **L E C T U R A**

«*Pecado de omisión*» *(Ana María Matute)*

A **Un resumen.** *Complete el párrafo siguiente con los vocablos presentados a continuación.*

a derechas	cecina	sordo
apuntado	chozo	tendió
asomada	el currusco	torpe
áspero	engulló	valía
buena lengua	rapada	zurrón
buscarse el jornal	retrasado	

Al quedar huérfano, Lope no podía seguir en la escuela porque tenía que

(1) _____. Fue a vivir con un primo de su padre, Emeterio Ruiz

Heredia, que tenía una casa grande **(2)** _____ a la plaza del pueblo. La

mujer de Emeterio era flaca y dura y no de **(3)** _____. Emeterio no se lle-

vaba bien con la familia de su primo y a Lope no lo miró **(4)** _____.

Un día, apenas **(5)** _____ el sol, Emeterio llamó a Lope, quien estaba

poco crecido para sus trece años y tenía la cabeza **(6)** _____, para

decirle que iba a ser pastor. Lope **(7)** _____ su desayuno rápidamente,

llenó su **(8)** _____ de pan, **(9)** _____ y otras

cosas y salió para las lomas de Sagrado. Don Lorenzo, el maestro, lo vio y más tarde trató de convencer a Emeterio de que dejara que Lope siguiera con sus estudios, porque, según él, Lope **(10)** _____, pero Emeterio sólo replicó que el joven tenía que ganarse **(11)** _____. Lope pasó los cinco años siguientes con Roque el Mediano, un hombre algo **(12)** _____; compartían un **(13)** _____ de barro, pero Roque hablaba muy poco y no era el mejor acompañante para un joven inteligente. Después de los cinco años en Sagrado, Emeterio quería que Lope bajara al pueblo para ver al médico. Por casualidad, allí Lope se tropezó con un antiguo compañero de escuela, Manuel Enríquez. Manuel le **(14)** _____ una cajita de cigarrillos para invitar a Lope a fumar uno, pero al tratar de sacar un cigarro, Lope se dio cuenta de lo **(15)** _____ y **(16)** _____ que se había puesto. Dejando atrás a Manuel, Lope se dirigió a la casa de Emeterio, agarró una piedra y con un golpe **(17)** _____ mató a su primo que lo había mandado a pastorear, echando así a perder su talento.

B **Asociaciones.** *Llene los espacios en blanco con la letra de la palabra no asociada con las otras dos.*

		a	b	c
1.	_____	mentir	enrollar	liar
2.	_____	alzar	levantar	saludar
3.	_____	asomado a	detrás de	frente a
4.	_____	ruido	mochila	zurrón
5.	_____	duelo	dolor	disputa
6.	_____	habitación	cuartillo	recipiente
7.	_____	recursos	medios	intereses
8.	_____	atrasado	arrasado	derruido
9.	_____	pesado	amazacotado	encogido
10.	_____	tosco	áspero	fino

11. _____	tender	extender	pastorear
12. _____	imperturbable	pasado	impertérrito
13. _____	hierba	zagal	muchacho
14. _____	retardado	retrasado	atrasado
15. _____	darse prisa	merendar	arrear
16. _____	engullir	tragar	mentir
17. _____	afeitar	abusar	rapar
18. _____	paja	grasa	sebo

10.2 SECCIÓN GRAMATICAL

La colocación de adjetivos descriptivos

A **El adjetivo: ¿antes o después?** *Decida dónde se deben poner estos adjetivos. Tenga cuidado con la concordancia.*

1. Andrés siempre ha querido tener un _____ coche de deporte

   _____. (italiano)

2. Muchos pasajeros murieron en el _____ accidente

   _____. (horrífico)

3. Cuando el _____ camarero _____ tropezó, se le

   cayó la bandeja que llevaba a la cocina. (torpe)

4. La _____ abogada _____ era de una familia

   muy humilde. (famoso)

5. Juan es un _____ joven _____ que pasa horas

   leyendo sus lecciones. (estudioso)

6. Ayer pasé un _____ día _____ en la playa. (magnífico)

7. En mi país, los árboles parecen explotar en _____ colores _____ en el otoño. (vivo)

8. El _____ orador _____ atormentaba a su público con _____ discursos _____. (aburrido, interminable)

9. El cura de nuestro pueblo tenía un _____ entendimiento _____ de lo humano. (profundo)

10. A causa de su _____ pierna _____, Julio no pudo jugar al fútbol por meses. (roto)

11. Los señores Galván querían entrañablemente a sus _____ hijos _____. (lindo)

12. Parecía que la _____ depresión _____ pronto iba a convertirse en huracán. (atmosférico)

13. Los _____ romanos _____ conquistaron todo el _____ mundo _____ de su época. (práctico, conocido)

14. Muchos médicos opinan que los zapatos de _____ tacón _____ son dañinos. (alto)

15. Don Ramón era un _____ hombre _____ y a nadie le caían bien sus _____ observaciones _____. (desagradable, sarcástico)

16. Es posible que tenga _____ gustos _____, pero no me gustan los _____ muebles _____. (anticuado, moderno)

La colocación de dos o más adjetivos descriptivos

B **Dos adjetivos.** *Cuando hay dos adjetivos en español, a menudo uno va antes del sustantivo y el otro, después. Complete las siguientes oraciones con los adjetivos presentados. Recuerde tener cuidado con la concordancia.*

1. Todos apreciamos las _____ obras _____ de Miguel de Cervantes. (magnífico, literario)

2. A los niños les encantan _____ cuentos _____. (imaginativo, tal)

3. Los anfitriones nos sirvieron una _____ cena _____. (tailandés, suntuoso)

4. Todos aprecian la catedral de Santiago de Compostela por su _____ fachada _____. (barroco, impresionante)

5. Todos se levantaron para cantar el _____ himno _____. (nacional, conmovedor)

C **Frases adjetivales** *(formadas con «de» + sustantivo). Estas frases siempre siguen al sustantivo. Exprese en español, teniendo cuidado con la concordancia.*

1. an elegant silk dress _____

2. delicious June strawberries _____

3. an ugly bedside table _____

4. her riding habit (suit) _____

5. traditional fairy tales _____

D **Frases hechas.** *Complete las siguientes frases, traduciendo las palabras ingle-sas al español.*

1. Hace años que María estudia (Fine Arts) _____.

2. Me tropecé con la Sra. Márquez en Madrid por (sheer coincidence)

   _____.

3. ¡Qué (a fun party) _____!

4. Le pedí al banco un préstamo de (short term) _____.

5. No me cae bien mi primo porque siempre hace (as he pleases)

   _____ sin pensar en los demás. Se cree un (free-

   thinker) _____, pero no es nada más que un egoísta.

6. Todos se preocupaban por la salud del (Holy Father) _____.

7. Doña Inés no quiere que haya ni una (weed) _____ en

   su jardín.

8. Mario hizo (a very foolish thing) _____ al

   salir de casa sin cerrar la puerta con llave; más tarde le robaron todo.

Cambios de sentido de unos adjetivos según su colocación

E **¿Antes o después?** *Decida dónde se deben poner los siguientes adjetivos, según su significado. Tenga cuidado con la concordancia.*

1. Pienso comprar un _____ coche _____ porque los

   últimos modelos son muy llamativos y me gustan. (nuevo)

2. Marta sólo lleva ropa hecha de _____ algodón

   _____ porque otros tejidos le irritan la piel. (puro)

3. Puedes aliviarte de esa picazón con una _____ solución

   _____ de agua y bicarbonato de sosa. (simple)

4. Héctor le mintió a Ana de _____ maldad

   _____. (puro)

5. La _____ novia _____ de Raúl no quiso comuni-

   carse con él de ninguna manera. (antiguo)

6. Durante la investigación del escándalo financiero el _____ gerente

   _____ no pudo explicar la falta de fondos en la caja de caudales;

   no le iba bien al _____ hombre _____. (mismo, pobre)

7. No te metas en los asuntos ajenos; ocúpate de tus _____ cosas

   _____. (propio)

8. Simón es un _____ muchacho _____ pero le cae

   bien a todo el mundo. (simple)

9. Es un _____ hecho _____ que Alicia se ha

   casado con un hombre mucho mayor que ella. (cierto)

10. A pesar de ser un _____ pueblo _____, les ofrece

    _____ atracciones _____ a los turistas que

    lo visitan. (pequeño, diferentes)

11. Gozo de _____ ratos _____ de tiempo libre.

    (raro)

12. Rebeca era la _____ estudiante _____ que

    siempre podía contestar bien las preguntas de sus maestros. (único)

13. Arrasaron la _____ iglesia _____ para construir un

    _____ estacionamiento _____, ¡cómo si

    nos hiciera falta otro! (antiguo, nuevo)

14. Hace años que mi _____ amigo _____

    Jaime y yo jugamos al baloncesto los sábados por la tarde. (viejo)

15. El _____ día _____ que los González ganaron

el premio gordo, decidieron comprar una _____ casa

_____. (mismo, propio)

F **Formas especiales del superlativo absoluto.** *En las oraciones siguientes, reemplace las formas del superlativo absoluto con las alternativas o las especiales.*

1. Lope era de una familia (pobrísima) _____.

2. Enrique es tan detallista. Se fija en detalles (pequeñísimos)

_____.

3. La (sumamente célebre) _____ actriz me dio su autógrafo en el estreno de su última película.

4. Lupe vino corriendo con noticias (buenísimas) _____.

5. Al tropezarse con su antiguo vecino, Alberto le dio un abrazo (fuertísimo)

_____.

6. Confucio fue un filósofo (excepcionalmente sabio) _____.

7. La comida que nos sirvieron en ese restaurante fue (malísima)

_____.

8. La influencia del automóvil en la cultura estadounidense ha sido (grandísima) _____.

A **Formación de adjetivos.** *Escriba la palabra de la que se derivan los siguientes adjetivos.*

1. resbaladizo _____   8. mugriento _____

2. cuarentón _____   9. cabezón _____

3. sangriento _____   10. enojadizo _____

4. amistoso _____   11. azulino _____

5. soñoliento _____   12. movedizo _____

6. cervantino _____   13. escandaloso _____

7. quejoso _____   14. chillón _____

B **«To grow» y «to raise».** *Lea el siguiente párrafo en inglés y escriba en los espacios en blanco la expresión española que Ud. emplearía para decir «to grow» o «to raise». ¿Puede hacerlo sin consultar la lección?*

My friend Albert **1.** (raised) _____ wheat and corn in western Colorado. He

and his wife Tricia also **2.** (raised) _____ children, eight of them, to be

exact. I asked him once which was more difficult. He laughingly responded that

3. (growing) _____ hair on his bald head was surely more difficult than

either one. Last year was particularly bad for him because he lost his corn crop, the bank

4. (raised) _____ the interest rate on his loan, the county

5. (raised) _____ his taxes in order to **6.** (raise)

_____ more revenue, and his children, **7.** (growing)

_____ inevitably larger, seemed to eat more and more all the time.

What to do? He could **8.** (grow) _____ a mustache and become a

country-western singer. He could **9.** (raise) _____ pigs. He could

10. (raise)_____ vegetables to sell at the farmers' market. He could simply **11.** (raise) _____ his arms and scream. What would you do?

C **«To grow» y «to raise».** *Llene los espacios en blanco de las frases siguientes con el equivalente apropiado de «to grow» o «to raise», según la información que se da entre paréntesis.*

1. Al pobre Gregorio no le (they have raised) _____ el sueldo hace cinco años.

2. No (raise) _____ ese cajón de embalaje (*crate*) sin mi ayuda, porque si no, es probable que te hagas daño.

3. Mi hijo (grew) _____ el bigote cuando empezó a estudiar en la universidad.

4. Piensan **a.** (raise) _____ otro centro comercial al lado de la carretera, pero primero tienen que **b.** (raise) _____ el dinero necesario.

5. Los Guzmán trataron de (raise) _____ alpacas, pero el clima del Sur no favorecía el éxito de tal proyecto.

6. ¡Cuánto (has grown) _____ Pepito desde la última vez que lo vimos!

7. ¿Cuándo va a dejar de (raise) _____ el precio de la gasolina?

8. En el centro de los EE. UU. (they raise) _____ el maíz y la soya, entre otras cosechas.

9. Jorge y Marta estarán discutiendo porque (they have raised) _____ la voz.

10. A mi papá le encantaba (grow) _____ rosas.

A **Una descripción.** *Teniendo en cuenta las características de una descripción sujetiva, describa el dibujo presentado a continuación. Escoja con cuidado los adjetivos que use para que su descripción le impresione con su viveza al lector. Haga que el lector no sólo vea lo representado, sino que también sienta lo medroso de esta escena.*

_____

_____

_____

_____

_____

B **¿Qué habría pasado si...?** *A causa de un pecado de omisión, Lope asesina a Emeterio. ¿Cómo habría sido la vida de Lope si Emeterio lo hubiera tratado de una manera compasiva? Identifique Ud. las acciones de Emeterio, y la falta de acción de él, que contribuyen al trágico desenlace del cuento. Luego, vuelva a escribir la historia a grandes rasgos, de tal manera que Emeterio cumpla bien con sus obligaciones familiares. En la versión del cuento de Ud., ¿cómo son distintos Lope y su vida al final?*

_____

_____

_____

_____

_____

_____

_____

_____

_____

CAPÍTULO *11*

11.1 LECTURA

«Adolfo Miller» (Sabine Ulibarrí)

A **Un resumen.** *Complete el párrafo siguiente con los vocablos presentados a continuación.*

a subasta	de su propia cuenta	mostrenco
alzar	deshacía	ordeñar
apacible	despierto	parentesco
apartar	embarcadura	pendenciero
asistir	en medio	por fuerza
becerros	ganaderos	predilecto
borracheras	hispanizándose	rota
correteaba	macarrón	se aguantó
culto	manera de ser	

El narrador cuenta una historia que conoce por tener **(1)** _____ con uno de los protagonistas. Narra que un día en la vida **(2)** _____ de Tierra Amarilla se presentó un anglo **(3)** _____ llamado Adolfo Miller, y nadie sabía nada de él. Llevaba ropa vieja y **(4)** _____ . Sin embargo, era **(5)** _____ y tenía una sonrisa que **(6)** _____ los corazones, aunque hablaba un español **(7)** _____ . Le pidió trabajo a don Anselmo, quien lo empleó para barrer el piso, **(8)** _____ cosas y hacer entregas. Más tarde don Anselmo le dio más quehaceres, como **(9)** _____ los animales y **(10)** _____ las vacas, y

Adolfo **(11)** _____ entre la tienda y la casa. Con el transcurso del tiempo

Adolfo iba **(12)** _____, hasta que su **(13)** _____ era como la de los

otros habitantes del pueblo. Había la posibilidad de una relación amorosa entre Adolfo

y la hija de don Anselmo, Francisquita, pero siempre estaba **(14)** _____ la

vigilancia de los padres de la joven. A pesar de ser **(15)** _____ en los bailes

de los sábados, parecía que don Anselmo se confiaba por completo en Adolfo y el

joven estaba encargado de administrar el rancho y **(16)** _____ el ganado para

vender. Pero todo cambió con la vuelta de la universidad de Víctor, quien era

(17) _____ y arrogante. Don Anselmo le encargó a Víctor la administración

de sus negocios y, además, el recién llegado se casó con Francisquita. Adolfo Miller,

antes el hijo **(18)** _____ de don Anselmo, **(19)** _____ tuvo que

ceder a Víctor. Adolfo **(20)** _____ y continuaba cumpliendo con sus deberes,

pero dejó de ser el hombre amable que había sido y también dejó de pelear y de

pegarse **(21)** _____ en los bailes. Llegó la temporada cuando don Anselmo se

encargaba de la venta de los **(22)** _____ de toda la familia. Había que arreglar

el transporte de los animales a Denver, donde se vendían **(23)** _____, así que

los **(24)** _____ ganaban más al vender el ganado directamente. Esa vez

Víctor estaba encargado del negocio. La **(25)** _____ llegó a Denver y se

vendió todo el ganado por $30.000. Después, Víctor decidió bañarse y Adolfo Miller

aprovechó la oportunidad de llevarse todo el dinero y luego desapareció. Don

Anselmo tuvo que pagarles **(26)** _____ el dinero que pertenecía a los otros

ganaderos, y no se vio a Adolfo Miller nunca jamás.

Asociaciones. *Llene los espacios en blanco con la letra de la palabra no asociada con las otras dos.*

		a	b	c
1.	_____	parentesco	apariencia	relación
2.	_____	alzar	cargar	vender
3.	_____	satisfacción	venta	subasta
4.	_____	culto	instruido	crecido
5.	_____	robar	salir	llevarse
6.	_____	galante	amatorio	rápido
7.	_____	entendido	preferido	predilecto
8.	_____	desamparado	mostrenco	grande
9.	_____	perezoso	recio	fuerte
10.	_____	aguantar	tolerar	comer
11.	_____	apropiado	debido	prestado
12.	_____	apacible	pasivo	tranquilo
13.	_____	conquista	rendimiento	ganancia
14.	_____	afable	bárbaro	gentil
15.	_____	volver	apartar	separar
16.	_____	banquero	ranchero	ganadero
17.	_____	aprovechado	interesado	generoso
18.	_____	pendenciero	paciente	irascible
19.	_____	por fuerza	necesariamente	forzado
20.	_____	coquetear	correr	corretear
21.	_____	incorrecto	macarrón	grande

C **¿Cómo son?** *Ponga la letra del adjetivo que describe a cada una de las tres personas indicadas.*

1. Don Anselmo

____ ____ ____ ____

2. Adolfo

____ ____ ____ ____

3. Víctor

____ ____ ____ ____

a) pendenciero   **g)** hispanizado

b) confiado   **h)** culto

c) vanidoso   **i)** arrogante

d) importante   **j)** gentil

e) mostrenco   **k)** honrado

f) recio   **l)** vanidoso

11.2   S E C C I Ó N   G R A M A T I C A L

Maneras de expresar conjetura y probabilidad en español

A **El futuro.** *¿Recuerda Ud. cómo formar el futuro en español? Escriba el futuro de los siguientes verbos, usando el sujeto que se indica.*

1. tener (Ud.)	8. poner (yo)
2. ver (nosotros)	9. caber (nosotros)
3. valer ("it")	10. querer (ella)
4. venir (él)	11. poder (Uds.)
5. hacer (yo)	12. decir (nosotros)
6. salir (tú)	13. haber ("there")
7. saber (tú)	14. traer (ellos)

B «Will». *Exprese en español las siguientes oraciones.*

1. Will you close that window for me, please.

   _____

2. They say it's going to be very cold this winter.

   _____

3. We'll leave for the beach as soon as it stops raining.

   _____

4. Sarita, you will study this lesson until you know it!

   _____

5. The children will not clean their rooms.

   _____

6. You won't forget to write me, will you?

   _____

7. What will I do now?

   _____

El futuro de probabilidad. *Complete los siguientes diálogos con una forma del futuro apropiada para expresar probabilidad o conjetura en el presente.*

1. —¿Quién es ese señor?

   —No estoy seguro, ¿ _____ el tío de Ana?

2. —¿Qué estudia Alejandro?

—_____ geografía, como le fascinan tanto los mapas.

3. —¿Por qué hay tanta maldad en el mundo?

—Eso lo _____ Dios.

4. —¿Has oído lo de Jaime?

—Sí, ¡qué escándalo! ¿Qué _____ la gente?

5. —¿Cuántas millas nos quedan para llegar a San Antonio?

—Nos _____ como cien.

D «**Would**». *Exprese en español las siguientes oraciones con «would».*

1. Daniel promised me that he would be careful.

_____

2. I asked Raúl to return to me the books that he had borrowed, but he wouldn't.

_____

_____

3. Jorge would sleep better if he didn't drink so much coffee at night.

_____

4. Would you like to go to the movies with me? You really should have more fun.

_____

_____

5. During the summer, my friends and I would go to the beach often to swim and sunbathe.

_____

_____

E **El condicional de probabilidad.** *Complete los siguientes diálogos con una forma del condicional para expresar probabilidad o conjetura en el pasado.*

1. —¿Qué hora era cuando llegaste?

—No recuerdo, _____ las dos.

2. —¿Quién rompió esa ventana?

—Había unos chicos que jugaban al béisbol. Ellos la _____.

3. —¿Por qué no me **a)** _____ por teléfono Elena anoche?

—Pues, después de lo que le habías dicho del vestido que llevaba,

b) _____ enojada contigo.

4. —¿Cuándo se fue Ignacio?

—_____ antes de las ocho porque no estaba cuando llegué a esa hora.

5. —¿Quién le dijo a Luisa que yo no quería llevarla al baile?

—Se lo _____ José porque está enamorado de ella y no quiere rivales.

F **Futuro perfecto y condicional perfecto.** *Escoja de la segunda columna la oración que complete mejor las de la primera para formar diálogos lógicos.*

1. —¿Para cuándo van a haber construido la nueva carretera?

2. —¿Quién te habría dicho tal tontería?

3. —¿Por qué no habrá llegado tu papá?

4. —Cuándo vuelven los García de su viaje a Londres?

5. —Cuando vi a Magali, ¡estaba tan flaca y pálida!

6. —¡Fue la cosa más rara! Ayer cuando salí a la calle, no pude encontrar mi coche.

7. —¿Qué le habrá pasado a Pepe? ¡Usa muletas!

8. —¿Recuerdas a Enrique Salazar, tu antiguo compañero de escuela?

a. —Se le habrá roto la pierna esquiando.

b. —¿Te lo habrían robado?

c. —Ya habrán vuelto si recuerdo bien sus planes.

d. —Sí, ¿qué habrá sido de él?

e. —La habrán terminado para fines de agosto.

f. —Me la dijo Rodolfo.

g. —No se habrá fijado en la hora y seguirá trabajando en la oficina.

h. —¿Habría estado enferma?

G **Otras maneras de expresar probabilidad.** *Siguiendo el modelo, exprese probabilidad o conjetura usando «deber de» y «haber de». Luego exprese la oración en inglés.*

Modelo: Marisa estará cansada.

a) Deber de: Marisa debe de estar cansada.

b) Haber de: Marisa ha de estar cansada.

c) Traducción: Marisa is probably (must be) tired.

1. Sergio llegaría tarde.

a) Deber de: _____

b) Haber de: _____

c) Traducción: _____

2. Serán las tres.

a) Deber de: _____

b) Haber de: _____

c) Traducción: _____

3. Alicia tendría trece años en aquel entonces.

a) Deber de: _____

b) Haber de: _____

c) Traducción: _____

4. Marcos se habrá ido ya.

a) Deber de: _____

b) Haber de: _____

c) Traducción: _____

5. Luis se habría dormido temprano.

a) Deber de: _____

b) Haber de: _____

c) Traducción:_____

6. Leticia lo sabrá.

a) Deber de: _____

b) Haber de: _____

c) Traducción:_____

11.3 │ S E C C I Ó N   L É X I C A │

A **El comercio.** *Complete las siguientes oraciones usando las palabras y frases presentadas en las páginas 287-288 del libro de texto. ¿Puede Ud. hacerlo sin consultar la lista?*

1. A menos que uno tenga mucho dinero, generalmente es necesario hacer una

   _____ cuando se compra una casa.

2. El dólar americano es la _____ de El Salvador.

3. Para cobrar un cheque que no sea del titular de la cuenta, es necesario que

   el cheque tenga _____.

4. La fecha para cuando se debe haber pagado una deuda es el

   _____.

5. Para cubrir los gastos diarios y de poco valor, muchas oficinas tienen una

   _____.

6. La cantidad de mercancía que está a mano es el _____.

7. Como esa empresa no podía pagar sus deudas ni realizaba ganancias, tuvo

   que _____.

8. Hasta entre amigos, si uno le debe dinero a otra persona y no puede

   pagárselo hasta más tarde, un _____ representa la promesa

   de cumplir con el deber en el futuro.

9. Pagué el coche **a)**_____ porque no había ahorrado bas-

   tante dinero para poder pagarlo **b)**_____.

B   **El mundo moderno.** *¿Entiende Ud. las transacciones bancarias? ¿Y las de la Bolsa? ¿Cómo podría explicárselas a la joven de estos dibujos? Sin consultar el libro de texto, escriba en español las definiciones de las palabras que aparecen en los siguientes dibujos.*

_____

_____

_____

_____

_____

_____

_____

_____

_____

acciones, ganancias,
accionistas, la bolsa,
el apoderado, la firma,
contratos, pérdidas

_____

_____

_____

_____

_____

_____

_____

_____

_____

C **Significados y usos de la palabra «cuenta».** *Complete las oraciones siguientes con la expresión adecuada según la información presentada entre paréntesis.*

1. Antes de invertir su dinero en esa empresa, (take into account)

   _____ Ud. que ha tenido pocas ganancias últimamente.

2. Cuando vea a Alfredo, voy a (give him a piece of my mind)

   _____ por lo que le dijo de mí a Micaela.

3. Podemos irnos tan pronto como la mesera nos traiga (the check)

   _____.

4. Noriberto nunca (caught on) _____ de que sus

   socios lo engañaban falsificando las cifras del inventario.

5. Cuando miré el reloj, (I realized) _____ que iba a llegar tarde a mi propia boda.

6. He tenido que escribir tantos trabajos este semestre que ya he perdido (count) _____ de ellos.

7. Tengo (accounts) _____ en todos los almacenes grandes de esta ciudad.

8. Me han dicho que la pulsera de (beads) _____ que heredé de mi abuela vale mucho, pero no pienso venderla de todos modos.

9. Se tuvo que suspender (the countdown) _____ de la nave espacial por el mal tiempo.

10. Prefiero (to be self-employed) _____ porque yo mismo puedo fijar las horas que trabajo diariamente.

11. Despidieron al Sr. Acevedo porque descubrieron que hacía años que (he was padding his expense account) _____.

12. Allí vienen los Mencía. (Let's pretend) _____ no los vimos, porque si nos detienen a platicar, la señora nos estará hablando por horas.

13. Mi hermano siempre gasta (too much) _____ porque paga por todo con sus tarjetas de crédito.

14. Experimentamos problemas por todo el viaje: se nos perdió el equipaje, llegamos tarde al hotel, y una vez allí, no pudieron encontrar nuestra reserva. **a.** (In short) _____, fue un desastre total. Y después, cuando llegaron **b.** (the bills) _____, tuvimos que **c.** (add it up) _____ tres veces antes de estar seguros que no nos habían cobrado demasiado.

15. Me molesta bastante que los hijos de mis vecinos chillen tanto mientras juegan afuera, pero, bueno, (after all) _____ son niños.

16. Diego, como yo te invité a cenar la última vez, ¿qué te parece si esta cena corre (on you) _____? ¿Vale?

11.4 PARA ESCRIBIR MEJOR

A **Abreviaturas.** *¿Sabe Ud. qué significan las siguientes abreviaturas en español?*

1. Cía. _____   5. Apdo. _____

2. Dra. _____   6. 1º izqo. _____

3. S.A. _____   7. S.S. _____

4. Genl. _____   8. Lda. _____

B **Una carta al futuro.** *Escriba una carta bastante formal (y personal también) a su propio/a nieto/a que, sin duda, vivirá dentro de 50 años, y explíquele cuáles son sus valores personales, cuáles son los objetos y actividades que Ud. más valora, y cualquier otra cosa que se le ocurra. Por ejemplo, ¿qué diferencias culturales habrá entre su mundo y el de su nieto/a? Quiere hacer una buena impresión en él/ella para que no se olvide de Ud.*

_____

_____

_____

_____

_____

_____

_____

_____

_____

_____

_____

_____

C **Una comparación.** *Los cuentos «Adolfo Miller» y «Pecado de omisión» comparten muchos elementos temáticos y narrativos. ¿En qué se parecen las dos narraciones? ¿ En qué se distinguen?*

_____

_____

_____

_____

_____

_____

_____

_____

_____

_____

_____

CAPÍTULO 12

LECTURA

«La ruta de los mercados mayas» (Cristina Morato)

A **Un resumen.** *Complete el párrafo siguiente con los vocablos presentados a continuación.*

actuales	empedradas	orar
afluencia	ensalmos	ortigas
arco iris	escalinatas	panochas
capilla	escalones	regatea
cargada	fardos	tenderetes
chales	hervidero	vestimenta
custodian	mantas	
degustar	merecen	

Cristina Morato empieza su artículo con una descripción de una indígena vieja que se prepara para **(1)** _____ a sus santos, colocando **(2)** _____ de maíz al pie del altar de la iglesia Santo Tomás Chichicastenango. Fuera, los chuchkajaues recitan **(3)** _____ en las **(4)** _____ de la iglesia. Esta escena religiosa contrasta con la otra actividad que tiene lugar en los **(5)** _____ de Santo Tomás, el concurrido mercado de Chichicastenango, que atrae a una **(6)** _____ de turistas a sus numerosos **(7)** _____. La ciudad se llama así por los chichicastes, un tipo de **(8)** _____ que abundan en la región. Callejuelas **(9)** _____ conducen a la plaza que la iglesia de Santo Tomás y la **(10)** _____ del Calvario **(11)** _____. Allí, los días de mercado, los comerciantes ocupan todo el recinto con sus **(12)** _____ y extienden en el suelo tanta variedad de verduras y frutas que da la impresión de ser un **(13)** _____. Otros ofrecen artesanías tan populares con los turistas, como las **(14)** _____ de lana y los **(15)** _____ de seda. Para el mediodía hay un **(16)** _____ de gente que **(17)** _____ con fervor, y Morato recomienda que uno entre en un fresco patio de algún hotel colonial para **(18)** _____ la rica cocina local. Al norte de Chichi, en un área donde los mayas **(19)** _____ todavía conservan sus lenguas, costumbres y **(20)** _____ **(21)** _____ de simbolismo, hay mercados en otros pueblos y ciudades que **(22)** _____ ser visitados también.

B **Asociaciones.** *Llene los espacios en blanco con la letra de la palabra no asociada con las otras dos.*

		a	b	c
1.	_____	cerro	valle	montaña pequeña
2.	_____	potencia	abundancia	afluencia
3.	_____	peldaño	superficie	escalón
4.	_____	real	actual	de hoy
5.	_____	fardo	bulto	legua
6.	_____	rezar	hablar	orar
7.	_____	extender	valer	merecer
8.	_____	en dirección	rumbo	alrededor
9.	_____	pastel	barra	pan
10.	_____	hecho	lleno	cargado
11.	_____	mazorca	bufanda	panocha

12.	_____	niebla	bruma	mareo
13.	_____	acompañado	protegido	custodiado
14.	_____	poder verse	cambiarse	divisarse
15.	_____	antiguo	subido	encaramado
16.	_____	colina	escalinata	escalera
17.	_____	bordado	tapizado	cubierto
18.	_____	puesto	muleta	tenderete
19.	_____	molestar	probar	degustar
20.	_____	vestimenta	armario	ropa

12.2 SECCIÓN GRAMATICAL

Verbos reflexivos

A **Acciones expresadas reflexivamente.** *Cambie Ud. las frases siguientes, haciéndolas reflexivas. Para hacer esto, es necesario quitar el complemento directo o indirecto original y reemplazarlo con el pronombre reflexivo, usando el mismo sujeto del verbo original. Luego exprese la oración cambiada en inglés.*

Modelo: La peluquera le cortó el pelo a la Srta. Díaz.

a) La peluquera se cortó el pelo.

b) The beautician cut her (own) hair.

1. Anoche nuestra tía nos acostó a las diez.

a) _____

b) _____

2. Vas a despertarnos muy temprano, ¿verdad?

a) _____

b) _____

3. Bañé al perro el sábado por la noche.

a) _____

b) _____

4. Mi abuela me lavó la cara.

a) _____

b) _____

5. Ernesto y su hermano me enseñaron a esquiar.

a) _____

b) _____

B ¡Qué mañana! *Llene los espacios en blanco de la siguiente narración con la forma apropiada del verbo que se da entre paréntesis.*

Ayer por la mañana yo **1.** (despertarse) _____ muy tarde, sorprendido de que **2.** (olvidarse) _____ de poner el despertador la noche anterior. Normalmente, después de **3.** (despertarse) _____, me gusta **4.** (quedarse) _____ en la cama unos minutos para **5.** (prepararse) _____ para el día que viene, pero como era tarde, **6.** (levantarse) _____ en seguida y fui al baño. Antes de **7.** (ducharse) _____, **8.** (afeitarse) _____ y **9.** (cepillarse) _____ los dientes. Después de la ducha **10.** (secarse) _____ y volví a la alcoba para **11.** (vestirse) _____. No pude **12.** (desayunarse) _____ porque no había tiempo, pero sí **13.** (comerse) _____ rápidamente una manzana. Estaba para salir corriendo al trabajo cuando **14.** (fijarse) _____ en el calendario colgado en la pared de la cocina y **15.** (darse) _____ cuenta de que ¡era sábado! ¡Por eso no había puesto el despertador! **16.** (Reírse) _____ de mí mismo un

momento, luego **17.** (dirigirse) _____ a la alcoba, donde

18. (desvestirse) _____ y **19.** (acostarse)

_____, esperando poder volver a **20.** (dormirse)

_____ después de mis preparativos innecesarios por

21. (haberse equivocado) _____ de día.

C **Verbos reflexivos intransitivos.** *Exprese en español los verbos entre paréntesis.*

Jorge **1.** (ate up) _____ most of the popcorn, and what he didn't eat he

2. (took [carried away]) _____ with him. He ate so quickly I don't think

the butter even had time **3.** (to melt) _____. Why did he

4. (go off) _____ like that? Who knows? Maybe

5. (he was having) _____ his hair cut. Maybe **6.** (he was going to

have) _____ his picture taken. Maybe he was hoping

7. (to take) _____ a well deserved rest. In any case, knowing Jorge,

I'm sure **8.** (he will enjoy himself) _____.

D **¿Morir o morirse?** *Ponga una X en los espacios en blanco si se debe emplear la forma reflexiva.*

_____ 1. Forty thousand died on the highways last year.

_____ 2. Papa, please don't die!

_____ 3. Three children died in the flood.

_____ 4. She was dying to buy his new CD.

_____ 5. I was dying of laughter.

_____ 6. To die or not to die, that is not the question.

_____ 7. The poor thing has been dying for weeks.

_____ 8. The dog, wounded in the savage fight, died a few days afterward.

El se impersonal

E **Traducción.** *Exprese en español.*

1. That isn't done here.

_____

2. You (One) eat(s) well here.

_____

3. How do you (does one) dance like that?

_____

4. Spanish is spoken here.

_____

5. How can this be explained?

_____

La voz pasiva

F **La verdadera voz pasiva.** *Invente oraciones a base de los siguientes elementos, según el modelo.*

Modelo: novela / publicar / Juan / recientemente

Esa novela ha sido publicada por Juan recientemente.

1. apenas suena la alarma / ladrón / detener / la policía

_____

2. profesora / no engañar / mentira / estudiante (f.) / semana pasada

_____

3. cena de anoche / preparar / la prima / Luisa

_____

4. ojos / Roberto / examinar / oftalmólogo (m.) / pasado mañana

_____

5. mi tía / operar / tres veces / mismo cirujano / año pasado

_____

La voz pasiva aparente

G **¿Ser o estar?** _Exprese en español la palabra entre paréntesis._

1. Empezaron a llegar los invitados, pero la mesa no (was) _____ puesta todavía.

2. Todas las tiendas ya (are) _____ cerradas.

3. El popular político (was) _____ asesinado por un resentido.

4. Raulito no pudo ver el desfile aunque (he was) _____ de pie.

5. No me caían bien esos vecinos porque (were) _____ desconsiderados.

6. Los niños todavía (were) _____ dormidos y su mamá tuvo que despertarlos.

7. La ciudad (was) _____ destruida por un violento huracán.

8. (It was) _____ una experiencia muy rara, ¿no?

El se pasivo

H **Admiración, amor y respeto.** *Exprese en español.*

1. That writer is much admired.

_____

2. She is much loved.

_____

3. He will be imprisoned soon.

_____

4. They are very respected.

_____

5. I was given a prize.

_____

I **Un poco de todo.** *Exprese en español.*

1. All the contracts were signed quickly.

_____

2. We are not accustomed to telling lies.

_____

3. Rolando was asked to play the guitar.

_____

4. He was allowed to enter.

_____

5. Much money will have been saved by July 15.

_____

6. After the accident, the skier feared that his legs were broken.

_____

7. It was obvious that the flowers had been brought by Jorge.

_____

8. The food was already heated when we arrived.

_____

9. The reports were checked over by the boss.

_____

10. I'm sure that the passive voice is understood now by everyone.

_____

12.3 | SECCIÓN LÉXICA |

A **Las palabras españolas de origen indígena.** *Llene los espacios en blanco con la letra de la palabra no asociada con las otras dos.*

	a	b	c
	a	**b**	**c**
1. _____	taza	plato	jícara
2. _____	barbacoa	parrilla	cena
3. _____	pera	tomate	jitomate

4.	_____	lápiz	goma	hule
5.	_____	cantarilla	fondo	enagua
6.	_____	camote	cómoda	batata
7.	_____	ají	chile	azafrán
8.	_____	ferrocarril	pista	cancha
9.	_____	bohío	piedra	choza
10.	_____	grano	maíz	petaca
11.	_____	cuervo	comején	termita
12.	_____	hamaca	butaca	sillón
13.	_____	sacerdote	papa	patata
14.	_____	pradera	manta	sabana
15.	_____	ñapa	girasol	yapa
16.	_____	cobertizo	corrida	galpón
17.	_____	lata	chicle	goma de mascar
18.	_____	carey	tortuga	salamandra
19.	_____	piragua	bota	canoa
20.	_____	mandioca	yuca	roble
21.	_____	loro	cocuyo	luciérnaga
22.	_____	durazno	maní	cacahuate
23.	_____	guajalote	poncho	pavo
24.	_____	riachuelo	jefe	cacique
25.	_____	gallinazo	zopilote	bizcocho

B «To get». *No traduzca todo el párrafo. Sólo dé en español la forma verbal que mejor exprese «to get» en cada caso.*

"Paco **1.** (has got) _____ a cold." "Is it necessary **2.** (to get) _____ a doctor?" "One **3.** (just got) _____ here, but she really isn't needed." "Doesn't Paco need some medicine?"   "He

4. (got) _____ some last night, but **5.** (it got lost) _____ this morning somehow." "Don't tell me... I can't believe it. So he'll have to see the doctor after all? **6.** (They don't get along) _____ too well." "I don't **7.** (get it) _____. Why not?" "She's his mother! She'll just tell him **8.** (to get up out of bed) _____ and **9.** (get off to) _____ school."

C «To get». *Llene los espacios en blanco de las frases siguientes con el equivalente apropiado de «to get» según los indicios que se dan entre paréntesis. Tenga cuidado con el tiempo verbal y con el modo que use.*

1. No es raro que los compañeros de cuarto en las residencias no (get along) _____ bien.

2. Estudio álgebra día y noche, pero es que simplemente no la (get) _____.

3. De niño, siempre que entraba en la habitación de mi hermana mayor, me gritaba que (get out) _____.

4. El viajero **a.** (got) _____ tarde al aeropuerto y tuvo que apresurarse para **b.** (get on) _____ al avión a tiempo.

5. Sin esfuerzo, lo que se quiere y lo que se (get) _____ raras veces son lo mismo.

6. **a.** (It was getting) _____ de noche y Adela
   b. (got) _____ preocupada porque sus hijos
   c. (hadn't gotten back) _____ de la escuela.

7. **a.** (Go and get) _____ tu abrigo y póntelo; no quiero que
   b. (get) _____ un resfriado por el frío que hace.

8. Ricardo acaba de **a.** (get) _____ un coche nuevo. ¿Cuánto
   b. (I wonder...he got) _____ por el viejo?

9. ¿Se nos acabaron los refrescos? (I'll go out and bring) _____

por más enseguida.

10. Ayer Ángel **a.** (got) _____ una noticia muy buena;

b. (he got) _____ que su universidad preferida lo aceptara.

11. Si no has usado una prenda de ropa durante los últimos seis meses, (get rid)

_____ de ella porque es probable que nunca la vayas a usar.

12. Justamente al **a.** (getting out) _____ yo del taxi, empezó a

llover a cántaros y **b.** (I got wet [mojarse]) _____

toda. Pero no hubo remedio. ¿Con quién iba a

c. (get even) _____ de empaparme? ¿Con el taxista? ¿Con

Dios? Pero, claro, importaba que **d.** (get out of) _____

esa ropa mojada tan pronto como **e.** (I got) _____ a mi

habitación en el hotel.

12.4 ┃ P A R A   E S C R I B I R   M E J O R ┃

A **En un mercado.** *¿Ha visitado Ud. alguna vez un mercado al aire libre? ¿Cuándo? ¿Dónde? ¿Por qué estuvo allí? ¿Cuáles fueron sus impresiones? ¿Compró algo? ¿Qué fue? ¿Tuvo que regatear? ¿Consiguió un buen precio? ¿Le gustaría repetir la experiencia? ¿Por qué? Si no ha visitado un mercado al aire libre, imagine cómo sería y conteste estas mismas preguntas.*

_____

_____

_____

_____

_____

_____

_____

_____

_____

_____

_____

_____

B **Un informe.** *Siguiendo las sugerencias del libro de texto para componer un informe bien organizado e interesante, escriba uno breve sobre algún aspecto de la presencia indígena en los Estados Unidos, ya sea histórico, económico, cultural o social.*

_____

_____

_____

_____

_____

_____

Capítulo 12

13.1 | L E C T U R A |

«La amenaza latina» (Claudio Iván Remeseira)

A **Un resumen.** *Complete el párrafo siguiente con los vocablos presentados a continuación.*

han alcanzado	desvela	las olas
aluvión	esgrimidos	pesadilla
se asimilan	fervorosa	los rastros
bardo	fulmina	restrinjan
la contigüidad	el grueso	se sancionó
cotidianamente	la hegemonía	ha surgido
criollos	latinización	se trueque
ha desplazado	marginados	varones
destaca		

Claudio Iván Remeseira sugiere que el ensayo de Samuel P. Huntington es la más

(1) _____ defensa del racismo anglosajón que

(2) _____ en los últimos años. Según Huntington, los lati-

noamericanos no **(3)** _____ a lo estadounidense tradicional. La cre-

ciente **(4)** _____ de los Estados Unidos se debe a una inmensa inmi-

gración hispánica, la cual ya **(5)** _____ a los afroamericanos como la

minoría más grande del país, y tal **(6)** _____ de inmigrantes amenaza la cultura tradicional de los Estados Unidos. Huntington cree que, a diferencia de

(7) _____ migratorias previas, la de los hispanos, especialmente la de los

mexicanos, es distinta por **(8)** _____ entre los Estados Unidos y

México, la cual, entre otras cosas, debilita **(9)** _____ del inglés en todo el

país. Según Huntington, esta situación puede resultar en la violencia, en leyes que

(10) _____ los derechos de los inmigrantes o en reacciones racistas por

parte de **(11)** _____ blancos que se sientan **(12)** _____.

Huntington teme que el sueño americano **(13)** _____ en

(14) _____. Por otra parte, Remeseira señala que el ensayo de

Huntington no explica el éxito que tantos hispanos **(15)** _____ en

este país. El profesor Alba **(16)** _____ que Huntington no hace más

que reciclar argumentos xenófobos **(17)** _____ hace dos siglos y que

(18) _____ de la evidencia contradice los de Huntington. En cuanto a los

mexicanos-americanos, Paloma Ojeda indica que pocos han tratado de aprovecharse

de la ley de doble nacionalidad que **(19)** _____ durante la presidencia de

Ernesto Zedillo. Y, a pesar de la creencia de Huntington, la de que Miami ha sido

«cubanizado», el inglés es la lengua que hablan **(20)** _____ los cubanos

de segunda y tercera generación. Por último, Remeseira señala que la contestación a

la pregunta de qué quiere decir ser americano, que **(21)** _____ tanto a

Huntington, no siempre ha excluido lo hispano, que por razones históricas

(22) _____ hispanos se encuentran en muchas regiones del país,

que los primeros vaqueros eran **(23)** _____, y que gran parte del terri-

torio que llegó a formar parte de los Estados Unidos todavía era de España poco antes

de 1776. Remeseira concluye sus argumentos en contra de los de Huntington con una

cita del **(24)** _____ Walt Whitman, la cual, según el autor del ensayo,

(25) _____ el racismo anglosajón tan evidente en las ideas

de Huntington.

B **Asociaciones.** *Llene los espacios en blanco con la letra de la palabra no asociada con las otras dos.*

		a	b	c
1.	_____	sancionar	delatar	aprobar
2.	_____	rastro	vestigio	cara
3.	_____	noble	varón	hombre
4.	_____	joven	nativo	criollo
5.	_____	aparecido	surgido	aumentado
6.	_____	lo mismo	muchísimo	otro tanto
7.	_____	confusión	hegemonía	predominio
8.	_____	fijar	arreglar	determinar
9.	_____	enrollar	nacer	surgir
10.	_____	destacar	quitar	enfatizar
11.	_____	inundación	aluvión	aterrizaje
12.	_____	orilla	aislamiento	marginación
13.	_____	usado	esgrimido	reñido
14.	_____	descubrir	desvelar	preocupar mucho
15.	_____	herramienta	auge	apogeo
16.	_____	fiesta	herida	festejo
17.	_____	exaltado	enardecido	espinoso
18.	_____	trocarse en	encontrarse con	convertirse en
19.	_____	totalidad	fuerza	contundencia
20.	_____	certeza	contigüidad	cercanía
21.	_____	diario	cuidadoso	cotidiano
22.	_____	líder	poeta	bardo
23.	_____	quitarle su lugar	disgustar	desplazar
24.	_____	restar	explicar	exponer
25.	_____	llegar a	chocar con	romper con

SECCIÓN GRAMATICAL

La función adjetival de la forma «-ing»

A **El participio activo.** *Convierta los siguientes infinitivos en participios activos según el modelo.*

Modelo: arder > ardiente

1. descender   _____
2. fulgurar   _____
3. quemar   _____
4. hablar   _____
5. sobrar   _____
6. deprimir   _____

7. semejar   _____
8. sonreír   _____
9. doler   _____
10. cortar   _____
11. sofocar   _____
12. colgar   _____

B **Preposiciones + un infinitivo.** *Complete las siguientes expresiones en español.*

1. a sewing machine   una máquina _____

2. a typewriter   una máquina _____

3. He stopped breathing.   Cesó _____

4. She stopped talking.   Dejó _____

5. three years without seeing   tres años _____

C **¿«Or/a», «oso/a», «ante» o «ente»?** *Termine las siguientes oraciones con la forma adjetival de los infinitivos dados.*

1. Es una joven _____. (encantar)

2. Era un chico excesivamente _____. (hablar)

3. Fue un incidente realmente _____. (sorprender)

4. Ésta es una faena muy _____. (fatigar)

5. Son profesores extremadamente _____. (emprender)

6. Luis me ofendió con sus palabras **a.** _____ (herir) y yo le

   respondí de una manera **b.** _____. (cortar)

7. El rufián me echó una mirada _____. (amenazar)

8. Mi jefe es un hombre muy _____. (exigir)

D **Preposiciones y...** *Exprese en español las expresiones entre paréntesis para completar estas oraciones.*

1. (After having been sick) _____ por tantas se-

   manas, por fin don Ricardo comenzó a recuperarse.

2. (Upon hearing) _____ las buenas noticias, todos se

   pusieron contentos.

3. **a.** (Before leaving) _____ de casa, Marta desenchufó la

   plancha que **b.** (she had just finished using) _____.

4. Marta andaba contenta (until remembering) _____ que

   no había cerrado la puerta con llave.

5. (Without paying attention) _____ al tránsito, el

   niño empezó a cruzar solo la peligrosa calle.

E **Infinitivos = sustantivos.** *Exprese en español las palabras que se dan
entre paréntesis.*

1. Es importante que los líderes no abusen de su (power) _____.

2. ¿Cuál es tu (opinion) _____ de este asunto?

3. Marco no cumplió con su (duty) _____.

4. Hay que tener en cuenta el (feeling) _____ de los demás.

5. El hombre es un (being) _____ de muchas contradicciones.

6. Los cazadores salieron para el bosque al (dawn) _____.

7. Se veía claramente el (sorrow) _____ de la viuda.

8. Don Ricardo es muy rico; varias empresas forman parte de su (assets)

_____.

9. Todos se sorprendieron del (knowledge) _____ de una niña

tan joven.

10. Los murciélagos salían de las cuevas después del (dusk)

_____.

Funciones adverbiales del gerundio

F **El gerundio.** *Reemplace las frases en cursiva con otras que empleen el gerundio, según el modelo.*

Modelo: *Mientras caminaba ayer por la calle*, me encontré con Julio.

Caminando ayer por la calle,...

1. *Cuando el maestro entró en el aula*, los estudiantes dejaron de charlar entre sí.

_____,...

2. *Como sabía que Eduardo era un mentiroso*, Raquel no les dio crédito a sus

chismes.

_____,...

3. *Aunque me lo digas tú*, no creo que Ana se haya fugado con Martín.

_____,...

4. *Si tú estuvieras en mi lugar*, ¿qué harías?

_____,...

5. *Al pensarlo bien*, es mejor que no invitemos a Javier a la fiesta.

_____,...

6. *Si hace buen tiempo*, iremos a la playa mañana

_____,...

G **Los tiempos progresivos.** *Exprese las siguientes oraciones en español.*

1. Laura is going around bragging about her engagement to Felipe.

_____

2. Paco said that he was coming at ten o'clock.

_____

3. We were working all day yesterday.

_____

4. Ramona is recovering more and more.

_____

5. I am writing you to request your help.

_____

6. I have been waiting for Luis for hours.

_____

7. After a brief rest, Héctor continued working.

_____

8. We are arriving the day after tomorrow.

_____

H **Traducción.** *Exprese en español.*

1. I saw her leaving.

_____

2. They heard me coughing.

_____

3. He drew her dancing alone.

_____

4. We remembered them hugging each other.

_____

5. I surprised her crying.

_____

El participio pasado en construcciones absolutas

I **Equivalente a «Si...»** *Invente oraciones de acuerdo con el modelo, y después expréselas en inglés.*

Modelo: morir su padre / el pobre quedarse huérfano

a) Muerto su padre, el pobre se quedaría huérfano.

b) If his father were dead, the poor boy would end up orphaned.

1. morir su padre ayer / todos estar de luto hoy

   a) _____

   b) _____

2. Una vez terminar la tarea / yo sentirse bien

   a) _____

   b) _____

3. descansar / Elena volver al trabajo

   a) _____

   b) _____

4. devolver mis apuntes / yo poder estudiar esta noche

   a) _____

   b) _____

5. teñir el pelo / verte mucho más joven

   a) _____

   b) _____

A **Adjetivos.** *Complete con una palabra apropiada de la siguiente lista.*

amorosa / chocantes / entrante / ganador / hispanohablantes / humillante /
indecorosa / insultantes / pendiente / poniente

1. las noticias

   _____

2. el sol

   _____

3. una experiencia

   _____

4. la conducta

   _____

5. el equipo

   _____

6. el mes

   _____

7. la relación

   _____

8. las palabras

   _____

9. los muchachos

   _____

10. una cuestión

    _____

B **Algo que me...** *Dé un adjetivo para cada una de las siguientes definiciones.*

1. Algo que me deja sordo.   _____

2. Algo que me conmueve mucho.   _____

3. Algo que me pone los pelos de punta.   _____

4. Algo que me llama la atención.   _____

5. Algo que me parte el alma.   _____

6. Algo que me deslumbra fuertemente.   _____

C «To move». *Complete las oraciones siguientes con un equivalente de «to move» o con uno de los modismos relacionados con este verbo.*

1. No me confiaba del desconocido y _____ él lo más que pude.

2. He trabajado mucho y el proyecto _____ bien.

3. Ese Carlitos nunca descansa; siempre quiere estar

   _____.

4. Las palabras apasionadas del orador _____ a todo el público en su discurso de ayer.

5. Cuando tenía cinco años, mi familia _____ a Toledo.

6. ¿Qué ha pasado con la silla que estaba en ese rincón? ¿Quién la

   _____?

7. Tan pronto como llegó a casa, Lupe _____ ropa porque pensaba salir de nuevo a cenar.

8. _____ final de Andrés en el partido de fútbol nos ganó el campeonato.

9. Como se le habían perdido las gafas, Ángela tuvo que

   _____ la tele para poder ver bien la pantalla.

10. Paralizado de miedo, el cervato (*fawn*) no _____ de debajo del arbusto donde estaba escondido.

A **¿Una lengua oficial?** *La creciente inmigración de los «hispanos» a los Estados Unidos y el consiguiente aumento del uso del español en la vida cotidiana en muchas regiones han motivado la aprobación de una ley que declara el inglés como lengua oficial del país. ¿Cree Ud. que se dejarán de hablar idiomas que no sean el inglés? Ahora que el inglés es la lengua oficial, ¿será posible forzar a todos a hablarlo y hacer que los de habla no inglesa dejen de hablar su lengua materna? Justifique sus opiniones.*

_____

_____

_____

_____

_____

_____

_____

_____

Recursos estilísticos. *En el capítulo 10 del libro de texto se repasan las cuali-*

dades de una buena descripción. Pensando en ésas y aprovechando los adjetivos presentados en la sección de Ampliación léxica de este capítulo, describa un momento del día, como el amanecer, el mediodía o el anochecer, en que cambian los aspectos del día. El día puede ser uno de cualquier estación, pero su descripción debe incluir por lo menos tres símiles y tres metáforas, además de contener una variedad léxica.

_____

_____

_____

_____

_____

_____

_____

_____

_____

_____

_____

_____

_____

_____

CAPÍTULO *13*

CAPÍTULO *14*

14.1 LECTURA

«El encaje roto» (Emilia Pardo Bazán)

A **Un resumen.** *Complete el párrafo siguiente con los vocablos presentados a continuación.*

achacoso	encareciera	monas
airosas	el enlace	ostentaban
atareada	un escaparate	una pequeñez
atestado	halagüeñas	revestida
cándidamente	injurias	rotunda
chanzas	ligeramente	soberbio
convidada	un logogrifo	soltó
el cuadro	matrimonio	el suceso
desgarró	menosprecio	la ventura

Aunque la narradora del cuento había sido **(1)** _____ a la boda de

Micaelita con Bernardo, no pudo asistir, así que no estaba presente cuando la

novia **(2)** _____ su "no" decisivo que deshizo **(3)** _____

entre los novios. Como no presenció **(4)** _____, se imaginó cómo

era **(5)** _____, con el salón **(6)** _____ de señoras

(7) _____; la madre de la novia, **(8)** _____; las

(9) _____ hermanas menores de Micaelita que **(10)** _____ el regalo de su cuñado futuro; y el obispo, grave y agradable, contando

(11) _____ de buen gusto. También la narradora recrea la capilla, toda

(12) _____ de flores y con la cortina de azahar que había mandado el tío

rico pero **(13)** _____ de Micaelita y cuya riqueza se creía contribuiría aun

más a **(14)** _____ del **(15)** _____. Al novio se le veía

(16) _____ nervioso y pálido mientras respondía a las observaciones

(17) _____ que se le hacían. Por fin, apareció la novia, vestida

(18) _____, y vino luego su negativa **(19)** _____. Tres años

más tarde, la narradora pudo saber de Micaelita la razón por qué se había negado a

casarse con Bernardo, lo cual hasta entonces había sido **(20)** _____.

Micaelita le explicó que su decisión se había basado en lo que parecía

(21) _____. Su novio le había regalado un **(22)** _____ vuelo que

pertenecía a la familia de él, de diseño maravilloso y digno de **(23)** _____

en un museo, pero había irritado a Micaelita que Bernardo lo **(24)** _____

tanto al dárselo. Por desgracia, el día de la boda Micaelita se descuidó y se le

(25) _____ el vuelo cuando ella se acercaba a su novio. Micaelita vio la

cara de él y se dio cuenta de que él proferiría **(26)** _____ si no estuvieran

los invitados. Sabiendo que su novio era capaz de sentir tal

(27) _____ por ella, le pareció mejor no casarse con él.

B **Asociaciones.** _Llene los espacios en blanco con la letra de la palabra no_
asociada con las otras dos

		a	b	c
1.	_____	escaparate	refugio	vitrina
2.	_____	vulgar	común	desagradable
3.	_____	trampa	enlace	boda
4.	_____	pequeñez	cosa insignificante	ofensa
5.	_____	radio	hilera	tiesto

6.	_____	despedazarse	romper en pedazos	irse
7.	_____	oportunidad	broma	chanza
8.	_____	invitar	convidar	convenir
9.	_____	serio	intenso	vivo
10.	_____	bonito	mono	pequeño
11.	_____	injuria	prisa	insulto
12.	_____	lista	rostro	cara
13.	_____	cuadro	escena	marco
14.	_____	halagüeño	sorprendente	halagador
15.	_____	por fortuna	por suerte	casualidad
16.	_____	caprichoso	airoso	elegante
17.	_____	jirón	caída	tira larga
18.	_____	ímpetu	intento	impulso
19.	_____	comprar	ostentar	lucir
20.	_____	peculiar	característico	individual
21.	_____	deshacer	revestir	cubrir
22.	_____	atrasarse	impacientarse	irritarse
23.	_____	menosprecio	falta	desprecio
24.	_____	rencor	dibujo	diseño
25.	_____	atestado	terco	lleno
26.	_____	ventura	felicidad	riesgo
27.	_____	con seguridad	dudosamente	de cierto

Relativos y conjunciones

A ¿**«Que»**, **«quien»** o **«lo que»**? *Llene el espacio en blanco con el pronombre relativo apropiado.*

1. La casa _____ Fernando compró por muy poco dinero era blanca.

2. Allí vienen los chicos de _____ te hablé hace dos días.

3. ¿Quién te dijo **a.** _____ Margarita era mi novia?

   b. ¡_____ no entiendo es por qué la gente insiste en hablar tanto de mi vida privada!

4. El médico a _____ Elena llamó no estaba en su consultorio.

5. Ése es el empleado **a.** _____ me vendió los zapatos

   b. _____ te gustaron tanto. **c.** _____ no comprendo es por qué te gustan.

6. Rafael y Ramón eran los enfermos para _____ era la medicina.

7. Los jóvenes _____ nos robaron ayer parecían rufianes.

8. Minerva y Venus eran las diosas por _____ tuvieron la Guerra Troyana.

9. ¿Fueron buenos los entremeses **a.** _____ probaste en la fiesta **b.** _____ dio Inés?

10. La dirección de mis tíos _____ me dio mi primo no era la correcta.

11. Todos mis amigos me dicen **a.** _____ ése es el hombre a

    b. _____ me parezco tanto.

12. ¿Sabes **a.** _____ oí recientemente? Oí **b.** _____

    Alicia y Rosa eran las chicas con **c.** _____ Eduardo salía

    al mismo tiempo.

13. El policía _____ me puso la multa era corrupto.

14. El hombre a **a.** _____ conociste anoche en la fiesta

    b. _____ dio Carmen era una persona **c.** _____

    nos parecía muy rara a todos.

15. **a.** _____ quieres no es siempre **b.** _____

    recibes.

16. Sarita, _____ es buena amiga de mi prima, estudia para

    enfermera.

17. Eduardo no escuchaba con atención _____ decía su profesora

    y por eso no sabía la respuesta correcta cuando ella le hizo esa pregunta.

B **¿Qué pronombre relativo?** *Subraye o señale con un círculo el pronombre relativo más adecuado para cada oración.*

1. Ésa es una herramienta sin (que, la que, lo cual) no se puede hacer el trabajo.

2. (Que, La que, La cual) acaba de llegar es la Srta. Montiel.

3. La parte (que, al que, a la cual) él se refiere es la sección tres.

4. El caballero inglés, (quien, el cual, a quien) conoció a Ud. ayer, es un

    famoso inventor.

5. En el castillo antiguo hay tres torres desde (que, las cuales, cuales) se ve

    todo el valle del río.

6. El hombre (que, del que, de quien) Ud. me habló vino a verme hoy.

7. Son las muchachas (que, a quienes, quienes) me escribieron.

8. Ésas son las novelas (las cuales, las que, que) le gustaron tanto a su mamá.

9. Le daré (que, lo cual, lo que) he recibido.

10. La hija del gerente, (que, quien, la cual) es amiga mía, está enferma ahora.

11. El proyecto del Sr. Sabater, (que, el cual, a quien) le habló Ud. en Madrid, tiene ventajas apreciables.

12. (Esos que, Los que, Los cuales) vinieron a las tres son los ayudantes del jardinero.

13. Entró en el despacho la secretaria de mi jefe, (quien, que, la cual) parecía muy preocupada con la noticia recién recibida.

14. La guerra civil española fue un conflicto durante (la cual, el cual, que) murieron miles de ciudadanos inocentes.

C **Más pronombres relativos.** *Llene el espacio en blanco con el pronombre relativo apropiado «que», «quien(es)», «lo que», «lo cual», «el que» y sus otras formas o «el cual» y sus otras formas.*

1. Orlando se puso furioso, _____ no le gustó a nadie.

2. Los amigos de Marta, _____ salían conmigo, robaron un banco.

3. No pude averiguar _____ había pasado.

4. El profesor _____ enseña matemáticas se fue de vacaciones.

5. No pude encontrar la revista sin _____ no iba a poder terminar mi ensayo a tiempo.

6. La exhibición, después de _____ hubo muchas quejas, fue un desastre.

7. Las personas a _____ me refiero saben que se han portado mal.

8. La persona **a.** _____ me dijo esas cosas resultó ser la persona de **b.** _____ se habían quejado mis vecinos.

9. El dentista de Elena, _____ es medio tonto, se equivocó al sacarle una muela sana.

10. Espero que el bruto **a.** _____ me rompió el estéreo reciba el castigo que merece, **b.** _____ probará que hay justicia.

11. La Torre Sears es uno de los edificios más altos del mundo, desde **a.** _____ se puede ver toda la ciudad de Chicago cuando no hay nubes, **b.** _____ ocurre raras veces.

12. El año próximo tendré que pagar 25.000 dólares, con _____ podría comprar un carro nuevo, para asistir a la universidad.

13. Me confundían los pronombres relativos, por _____ tenía que estudiarlos mucho.

D **Unas relaciones relativas: un poco de todo.** *Complete el siguiente diálogo con los pronombres relativos «que», «quien(es)», «el que» y sus otras formas, «el cual» y sus otras formas, «lo cual» y «lo que», según el contexto.*

—Pues, ¡dime **(1)** _____ pasó, mujer! —insistió Laura.

—Ya te he dicho todo —le contesté, algo molesta, a mi amiga, a **(2)** _____ conocía hacía muchos años ya y **(3)** _____ tenía la mala costumbre de querer saberlo todo, **(4)** _____ a veces hacía el hablar con ella no del todo agradable. Ésta fue una de esas veces. —Noriberto y yo fuimos a esa fiesta de **(5)** _____ te

hablé hace una semana, en casa de Ana, y no hay más que contar.

—Sí, a esa fiesta, después de **(6)** _____, si no recuerdo mal,

Uds. iban a otra. Bueno, **(7)** _____ quiero saber es ¿fueron

Uds. a la segunda o no? Porque Raquel, **(8)** _____ es la novia de mi

primo, me ha dicho que no los vio ni siquiera en la fiesta de Ana.

—Es posible que ella no viera a muchos de los invitados,

(9) _____, a fin de cuentas, no comprueba que los no vistos no

estuvieran presentes. Mira, Laura, no seas fastidiosa. En cuanto a

(10) _____ te ha indicado Raquel, con **(11)** _____

todavía no he tenido el gusto, me parece que se ha equivocado, porque

Noriberto y yo sí asistimos al baile de Ana, **(12)** _____, a

propósito, fue un desastre total. No entiendo por qué porfías en saber todas estas

pequeñeces de esa noche **(13)** _____ no tienen nada que ver contigo.

—Pero es que no porfío, hija, es que me preocupo por ti. Y a mí me extraña

un poco que hayas dicho que la fiesta no fue divertida, porque Andrés,

(14) _____ es amigo de Sara, es un aguafiestas de los peores,

pero sin embargo, según **(15)** _____ me ha contado

Esteban, hasta él la pasó muy bien. ¿Tú conoces a Esteban? Es el hermanito

de Rita, **(16)** _____ se casó con el hermano de Sara hace

poco. Creo que Esteban me mencionó que te había visto en la fiesta, pero

qué raro que no me dijera nada de ver a Noriberto.

—No hay nada de raro en eso, Laura. Esa tarde Noriberto y yo salimos a

cenar en el Miramar, ese restaurante **(17)** _____ está situado

encima de una colina y desde **(18)** _____ se puede ver

toda la ciudad. Nos sirvieron unos mariscos espléndidos, después de

(19) _____ tomamos helado de postre. Desgraciadamente,

parecía que los mariscos que nos habían servido no estaban buenos, porque poco después Noriberto empezó a sentirse mal. Por eso, cuando llegamos a la casa de Ana, Noriberto tuvo que ir al baño (20) _____ estaba junto a la cocina donde Ana estaba preparando unos bocadillos. Sin duda Esteban me vio entonces. Como Noriberto seguía sintiéndose mal, nos fuimos temprano y él me llevó a casa, todo (21) _____ explica por qué Raquel no nos vio esa noche.

—¿Así que no fueron los dos a la segunda fiesta? (22) _____ me acabas de decir sí me confunde, porque la novia de Esteban, (23) _____ es muy observadora y a (24) _____ habían invitado a la segunda fiesta (25) _____ daba Reinaldo, me ha dicho que más tarde vio a Noriberto bailando con Ana, (26) _____ parecía bien animado. ¡Quién creyera que hubiera estado enfermo pocas horas antes! Cuando Inés, la novia de Esteban, le preguntó dónde estabas tú, parece que le contestó que te había llevado a casa porque no te sentías bien. Preocupada por tu salud, Inés, (27) _____ siempre está pensando en el bienestar de sus amigas, luego usó el teléfono (28) _____ estaba en el pasillo para llamarte, pero me ha dicho que nadie contestó. ¿Saliste tú también?

—¿Todos esos espías tuyos (29) _____ te mantienen tan bien al día con respecto a las actividades ajenas de (30) _____ te ocupas tanto no te han podido informar de ese dato?

—No te pongas así, sabes bien que sólo miro por tu bien. Pero, sí, es verdad que sé que saliste tú también más tarde, pobrecita, para ir a la discoteca (31) _____ queda cerca de la casa de Eduardo, porque el sobrino de Marta, (32) _____ me dice sólo tonterías la mayoría de las veces, pero en (33) _____ confío por ser tan buen amigo de Eduardo, me ha contado que te vio allí esa noche.

(34) _____ no entiendo bien es por qué Eduardo no me

mencionó nada de haberte visto en la discoteca, porque Raúl, el sobrino,

me indicó que te vio hablando con mi novio. Es probable que no

haya querido turbarme con (35) _____ él sabe de tus

problemas con el Noriberto ese. Es tan amable, nunca me habla de cosas

(36) _____ él sabe pueden darme un disgusto. Oye,

¿qué te dijo Eduardo en la discoteca?

—Bueno, no recuerdo bien de (37) _____ hablamos,

cosas sin importancia, me imagino. A propósito, Laura, ¿qué has sabido

de Eduardo?

—¿Eduardo? Pues, en realidad, hace mucho que no me llama,

(38) _____ me tiene bastante preocupada.

Pronombres relativos que contienen su propio antecedente

E ¿«Quien» o «el que»? *No traduzca. Sólo indique si debe usar «quien», «el que» o las dos (de acuerdo con el modelo). Incluya una preposición si hace falta.*

Modelo: He who pays first...   Quien (El que)...

1. There are those who say...   _____

2. To whom it may concern...   _____

3. They will hire the one who   _____

   arrives by 9:00 A.M.

4. Who laughs last, laughs best.   _____

5. Those who want to stay, please   _____

   say so.

6. The one who said that didn't know _____

   the facts of the matter.

El adjetivo relativo cuyo

F **Cuyo.** *Llene los espacios en blanco con la forma correcta de «cuyo».*

1. Las escuelas _____ maestras...

2. Las niñas _____ padres...

3. Nunca se levanta temprano, por _____ razón...

4. Juan, _____ hermano trabaja en la misma fábrica,...

5. ¿Es tuya la habitación _____ ventanas siempre están cerradas?

G **¿«De quién»?** *Exprese las siguientes oraciones en español.*

1. Whose story was that?

   _____

2. Was it the story whose hero died?

   _____

3. I don't know whose it was.

   _____

4. It was the young woman whose husband just arrived.

   _____

5. Whose watch was it that he took?

   _____

SECCIÓN LÉXICA

A **Algunos refranes.** *Exprese en español.*

1. The early bird catches the worm.

   _____

2. A person is known by the company he/she keeps.

   _____

3. People in glass houses shouldn't throw stones.

   _____

4. No one is so deaf as he who will not hear.

   _____

5. When in Rome, do as the Romans do.

   _____

6. All that glitters is not gold.

   _____

B **«Back».** *Dé en español las palabras que, en cada caso, correspondan a «back».*

When I arrived John was seated in the **1.** (back) _____ of his car,

Tom was lying on **2.** (his back) _____ on the nearby grass, and Paul

was leaning against **3.** (the back) _____ of an old chair. John was exam-

ining **4.** (the back [spine]) _____ of a book, Tom was complaining

about **5.** (his back) _____, and Paul was worrying about **6.** (his back

pay) _____. From **7.** (behind the house) _____

came a loud voice, telling John to move his car so there would be room for her

8. (to back) _____ the lawn mower into the garage. At that instant Jane

roared out **9.** (from back) _____ of the house on a very powerful

lawnmower. I hadn't realized that she **10.** (was back) _____

from her trip to see her sister, but we all **11.** (backed away) _____

quickly. With the sight of her, so small and thin, on that huge machine, I couldn't

12. (hold back) _____ my laughter.

C «Back»: traducciones. *Llene los espacios en blanco de las frases siguientes con el equivalente apropiado de «back» según los indicios que se dan entre paréntesis. Tenga cuidado con el tiempo verbal y con el modo que use.*

1. Si Ud. piensa **a.** (back out) _____ con respecto a

   nuestro contrato, insisto en que me **b.** (give back) _____ el

   dinero que le presté.

2. Al intentar subir al **a.** (back seat) _____ del coche,

   sentí un dolor intenso en **b.** (my back) _____.

3. No, Jorge no está en la sala, creo que está en (the back of the house)

   _____.

4. Pepe estaba echado hacia **a.** (back) _____ tanto con-

   tra **b.** (the back of the chair) _____ que cayó tumbado

   c. (on his back) _____.

5. Beto, cuando **a.** (you get back) _____ de la escuela, quiero

   que me ayudes a limpiar **b.** (the backyard) _____.

6. No, doctor, no es la palma de mi mano lo que me duele, sino (the back)

   _____.

7. (The back [spine]) _____ de este libro está tan gastado que

   ni siquiera se puede distinguir el título.

8. Cuando Hernán vio la serpiente cascabel, empezó a **a.** (back up)

_____ cautelosamente; ¡qué mala idea la suya de

b. (backpack) _____ solo en esta parte del desierto!

9. No pudimos (hold back) _____ la risa cuando

vimos que la señora se había puesto la peluca al revés.

10. Yo te **a.** (will call back) _____ cuando

b. (I'm back) _____ del viaje de negocios.

11. Las llamas y los camellos son excelentes animales de carga porque tienen

fuerte (their back) _____.

12. Héctor **a.** (has his back to the wall) _____ y

no tiene quién lo **b.** (back up) _____.

13. Antes de cobrar este cheque, en necesario que Ud. firme (the back)

_____.

14. Se guardan todos **a.** (the back issues) _____ de esa

revista en el almacén **b.** (back) _____, y para entrar

en él, hay que usar **c.** (the back door) _____.

15. Éste no puede ser un Matisse verdadero. Mire, las pinceladas del (back-

ground) _____ no son típicas de ese pintor.

14.4 P A R A   E S C R I B I R   M E J O R

A **La puntuación.** *Los siguientes pasajes resultan confusos porque se han suprimido los puntos y coma, y las comas. Póngalos.*

1. Don Joaquín.

Al envejecer don Joaquín quien es un antiguo amigo mío va

transformándose físicamente de una manera llamativa apenas se parece al hombre que fue. En su juventud era robusto ahora lleva mucho menos peso de lo debido. De joven era alto fornido y moreno su pelo más oscuro que el plumaje de un cuervo ahora no es ni alto ni fuerte ni moreno sino encorvado enfermizo canoso. A pesar del hecho de que se haya puesto débil y que se le olvide constantemente cuál es o la hora o el día o hasta el año lo esencial de mi amigo no ha cambiado sigue siendo una de las personas más bondadosas cariñosas y agradables que conozco. Muchos se ponen quejosos con el aumento de los años especialmente por los achaques que son casi inevitables en la vejez él no. No voy a decir que sea un santo porque no hay ser humano que no se ponga irritable de vez en cuando pero en general al encontrarse con don Joaquín en la calle ya uno sabe que va a haber una conversación amena. Don Joaquín que Dios lo guarde por muchos años más.

2. No estoy hecho para el invierno.

Nunca me ha gustado el invierno hace mucho frío y siempre ando incómodo. Los árboles desnudos y esqueléticos me parecen muy feos la tierra cubierta de nieve y manchada (*stained*) de hojas secas sueltas no ofrece ningún consuelo el cielo a veces azul otras gris da la impresión de una cubierta grande que trata de contener el aire enfriado como si éste (*the latter*) contagiara el resto del mundo si no se contuviera. Intento lo más posible quedarme dentro pero siempre es necesario salir para ir al trabajo o hacer las compras tener que hacerlas es un verdadero suplicio (*torture*). Sí ya sé hay gente a quien le encantan el tiempo frío y los deportes invernales a mí no. Sólo espero ansiosamente la llegada de la primavera y los días de calor que trae mientras tanto aguanto (*endure*) el frío imaginándome tendido en una playa de la Florida.

B **Los acentos gráficos.** *Las frases de los siguientes diálogos resultan confusas porque faltan los acentos necesarios. Escríbalos para que se aclaren los diálogos.*

1. Un casamiento.

JULIO: Maria, ¿quien te informo que Raul e Ines se habian casado?

MARÍA: La verdad, no recuerdo bien. ¿Seria la tia de el? Solo se que si, que ahora estan casados. ¿Por que querias saber eso?

JULIO: Es que lo vi solo hace un par de semanas y cuando le pregunte que tal iban las cosas, a mi no me dijo nada de ningun casamiento. ¿Cuando fue la boda?

MARÍA: Pues, segun su tia, fue anteayer, en la iglesia de Santo Tomas. Me dijo tambien que asistieron como 60 o 70 invitados, aun mas que yo sepa.

JULIO: ¿Como? ¿Y el no nos invito a nosotros? ¿En que habria estado pensando?

MARÍA: Sabra Dios, pero, ¡que sorpresa!, ¿no? ¡Quien iba a creer que Raul terminara sus dias de solteron!

JULIO: Tienes razon; yo nunca creia que fuera a casarse, y aun lo encuentro dificil de creer. Pero, claro, ojala que los dos vivan muy felices.

2. Hace falta un tema.

JOSÉ: Buenos dias, Luisa, ¿como estas?

LUISA: Muy bien, Jose, ¿y tu?

JOSÉ :   Un poco preocupado.

LUISA: ¿Que te preocupa?

JOSÉ: Un trabajo para una clase. ¿Te puedo pedir tu opinion sobre el?

LUISA: Si, claro.

JOSÉ: Pues, la profesora Garcia quiere que escribamos un trabajo de 14 o 15 paginas para la clase de sicologia, y no se aun sobre que debo escribir. Solo se me ha ocurrido escribir sobre la caja de Skinner.

LUISA: ¿Pero, que es esto? Hay muchos mas temas posibles que ese, aun miles.

JOSÉ: Entendido, y por eso necesito tu ayuda. ¡Aconsejame, por favor!

LUISA: Bueno, Pepe, pensandolo bien, tal vez seria mejor que trabajaras solo.

JOSÉ   ¿Por que?

LUISA: Porque si a ti te sugiero un tema, luego querras que te escriba tu trabajo, y eso sera engañar.

JOSÉ: No, chica, se razonable, no quiero nada sino un tema. Es que la profesora espera que le de mi trabajo para este viernes y ¡no he escrito nada!

LUISA: Y a mi, ¿que? Lo siento, Pepito, pero es mejor que hagas tu propio trabajo. Adios.

JOSÉ: ¡No, Luisa, no me dejes asi! ¡Estoy frenetico!

C **Las pequeñeces pueden ser importantes.** *Una supuesta pequeñez le cambió a vida a la protagonista de «El encaje roto», y la verdad es que pueden pasar sucesos aparentemente insignificantes que más tarde tienen consecuencias importantes. Piense Ud. en sus experiencias e identifique un evento de esta índole (type). ¿Qué pasó? ¿Por qué parecía sin importancia el suceso? Sin embargo, ¿qué consecuencias imprevistas, y tal vez serias, tuvo?*

_____

_____

_____

_____

_____

_____

_____

_____

_____

D **¿Una pequeñez?** *Al final de «El encaje roto», Micaelita explica por qué no quiso revelar la razón verdadera para haber roto con Bernardo, diciendo: «Lo natural y vulgar es lo que no se admite. Preferí dejar creer que había razones de ésas que llaman serias». Se refiere al desgarrón del vuelo, «una pequeñez» comparada con otros motivos posibles para no querer casarse con su novio, pero vista de otra perspectiva, ¿lo es? Basándose en el texto, explique lo fundamental, y lo serio, que es el accidente con el vuelo para las consiguientes circunstancias de Micaelita.*

Capítulo 14

ANSWER KEY

CAPÍTULO 1

1.1

A. 1. peregrina 2. desligarse 3. campante 4. áspera 5. engrosado
6. trapos 7. la estrechez 8. el rancho
9. En suma 10. manumiso
11. lozano 12. acaeció 13. susodicho

B. 1. b 2. c 3. b 4. a 5. c 6. a
7. c 8. b 9. a 10. a 11. c 12. a
13. b 14. c

1.2

A. 1. dimos 2. quise 3. durmió
4. siguió 5. estuvieron 6. pudiste
7. pidió 8. fui 9. leyeron 10. dijimos 11. empecé 12. fue 13. vinimos 14. cargué 15. pusiste
16. tuvieron 17. trajo 18. marqué
19. hicieron 20. oyó.

B. 1. nos despertamos 2. nos levantamos 3. bañarnos 4. vestirnos
5. desayunamos 6. salimos 7. ir
8. oímos 9. decidimos 10. nos
acercamos 11. tuvimos 12. pararnos
13. entró 14. vimos 15. comenzó
16. sentimos 17. me acordé 18. di
19. empecé 20. se espantó
21. siguió 22. llegué 23. demoró
24. Nos detuvimos 25. esperamos
26. echamos 27. volvimos 28. dijimos 29. presenciamos

C. 1. éramos 2. nos divertíamos
3. vivíamos 4. se llamaba

5. pasábamos 6. rodeaban 7. Había
8. hacer 9. íbamos 10. veíamos
11. asistíamos 12. nos olvidábamos
13. tenían 14. reñían 15. entendían
16. hacíamos 17. era 18. nos sentábamos 19. hablar 20. se ponía
21. empezaban 22. nos
preparábamos 23. nos acostábamos

D. Answers will vary.
1. I; habitual action in the past; De niño, Martín visitaba con frecuencia a sus primos en Salamanca.
2. I / description of condition / Isabel necesitaba comprar un vestido nuevo para llevar a la fiesta.
3. P / completed action in the past / Anoche no me acosté hasta muy tarde.
4. P / completed action in the past / El pobre Samuel tuvo que trabajar todo el fin de semana.
5. I / description of ongoing familiarity and habitual action / Don Anselmo conocía a todos sus vecinos y siempre los saludaba.
6. P / marks the beginning of knowing something ("change in meaning verb") / Supe del accidente sólo después de leerlo en el periódico.
7. P / absolute lack of action in the past ("change in meaning verb") / Marta no quiso ir con nosotros al cine.

8. P / absolute lack of action in the past ("change in meaning verb") / A causa de la tormenta, no pudimos ir a la playa ese día.

9. I / habitual action in the past and description of ongoing ability / Alicia estudiaba todas las noches y siempre sabía las respuestas en clase.

10. I / indication of age in the past and description of attitude or desire / Cuando yo era joven, quería ser policía.

E. 1. entró 2. quiso 3. creía 4. iba 5. tener 6. tenía 7. parecía 8. se preocupaba 9. llegó 10. se sentó 11. sacó 12. miró 13. repartía 14. temblaban 15. recibió 16. pudo 17. dudaba 18. pasó 19. pareció 20. era 21. limitar 22. abrió 23. Leyó 24. se sintió 25. sabía 26. hizo 27. Siguió 28. terminó 29. dio 30. salió 31. se preguntó 32. comprendió (comprendía) 33. había

F. 1. gustaban 2. pasábamos 3. encantaba 4. dejábamos 5. divertirnos 6. llamaba 7. poner 8. hice 9. estábamos 10. había 11. sé 12. estaba pensando 13. decidí 14. saqué 15. puse 16. quedó 17. me encontré 18. Quise 19. pude 20. Tuve 21. estar 22. empecé 23. gritar 24. era 25. vio 26. ocurría 27. entró 28. salió 29. dijo 30. vertió (virtió) 31. se separó 32. me sentí 33. volví

G. 1. trabajaba 2. se llamaba 3. me dormí 4. Me quedé 5. me desperté 6. Miré 7. me sorprendí 8. había 9. indicaba 10. debía 11. tocó 12. me levanté 13. abrí 14. estaban 15. era 16. quería 17. acababa 18. Fui 19. arreglábamos 20. sugi-

rió 21. Iba 22. podía 23. noté 24. llevaba 25. fue 26. cambiarme 27. dije 28. salimos 29. pude 30. comenzó (comencé)

1.3

A. 1. tiempo 2. una y otra vez 3. hora 4. de vez en cuando 5. ya es hora 6. veces 7. nuestra época 8. tiempo libre

B. 1. época 2. edad 3. tiempo 4. hora 5. a tiempo 6. a veces 7. pasaba malos ratos 8. una y otra vez 9. a la vez 10. ya era hora 11. anticuada 12. en muy poco tiempo (en seguida) 13. de vez en cuando

C. 1. la época 2. el tiempo 3. a veces 4. a tiempo 5. la hora 6. pasar buenos ratos 7. de vez en cuando (de cuando en cuando) 8. a la vez (al mismo tiempo) 9. ya es hora 10. anticuada 11. en muy poco tiempo (en seguida)

1.4

A. 1. distingo, distinguió, distinga 2. recojo, recogieron, recojan 3. traduzco, tradujiste, traduzca 4. convenzo, convencimos, convenzan 5. santiguo, santiguaron, santigüe 6. rejuvenezco, rejuvenecieron, rejuvenezca 7. reduzco, redujo, reduzca 8. persigo, persiguieron, persiga 9. acojo, acogiste, acoja 10. amenguo, amenguó, amengüe 11. encojo, encogieron, encoja 12. comienzo, comencé, comience

B. 1. locuacísima 2. brusquísimas 3. terquísimas 4. mordacísima 5. ronquísima 6. toxiquísimo 7. soecísimo 8. parquísima 9. hidalguísimo 10. fresquísimos

C. 1. especialidad 2. fisiología 3. inminente 4. estridente 5. profesor 6. teoría 7. posesión 8. inmoral

9. psicoanálisis 10. trasposición
11. escorpión 12. hidráulico
13. estampa 14. terapia 15. escultura

D. Answers will vary.

E. Answers will vary.

CAPÍTULO 2

2.1

A. 1. la suerte 2. una colonia 3. un soñador 4. el trayecto 5. los camellones 6. repletos 7. la amplitud 8. intimidad 9. recién 10. recámara 11. arrullaría 12. un vestidor 13. la azotea 14. el restirador 15. lisitas 16. acojinada 17. de caracol 18. rodó 19. una rifa

B. 1. c 2. a 3. a 4. c 5. b 6. a 7. b 8. b 9. c 10. a 11. c 12. b 13. a 14. c 15. c

2.2

A. Answers will vary.
1. a) El espejo fue (estaba) roto. b) The mirror was being (was already) broken. 2. a) El vídeo está (fue) conectado. b) The VCR is (was) connected. 3. a) La estrella de cine fue escogida por el director famoso. b) The movie star was chosen by the famous director.
4. a) La filmación está (ha sido) suspendida indefinidamente. b) The filming is (has been) suspended indefinitely. 5. a) El crimen fue (estaba) resuelto. b) The crime was (already) solved.

B. 1. estaba, de 2. fue, en 3. era, a 4. estaba, con 5. estaba, de 6. estaba, con 7. estaba, a 8. estaba, de 9. era, de 10. era, de 11. estaba, de 12. estaba, a 13. fue, de 14. estaba, para 15. estaba, de 16. estaba, de 17. era, a

C. Answers will vary.
1. Normalmente Norma es muy callada, pero esta noche ¡no deja de hablar!
2. Rafael y Héctor son empleados muy trabajadores y conscientes.
3. Marco, ¿por qué no estás listo para salir para la escuela?
4. Ana está muy interesada en estudiar biología.
5. Después de limpiar la casa por horas, todo está como nuevo.
6. Ésa es una empresa próspera e invertir dinero en ella es seguro.
7. El color de esta pintura es muy vivo para usarlo en el comedor.
8. Esta película es tan divertida porque los actores interpretan bien sus papeles.
9. Adán es una persona muy fría y por eso tiene pocos amigos.
10. Son las tres y Sara está despierta todavía a causa del ruido que hacen sus vecinos.

D. 1. a) son b) están 2. a) estar b) es 3. a) eres b) Es 4. a) ha sido b) está c) es 5. a) es, será b) estoy 6. es 7. estaba 8. a) era b) fue c) estaba 9. a) es b) son 10. a) es b) está 11. a) es b) es 12. a) es b) está 13. a) estamos b) ser 14. estar 15. están 16. es 17. fue 18. son 19. están 20. ser 21. es 22. a) estoy b) soy 23. a) es b) está c) está 24. a) es b) es c) estoy 25. a) eran b) estaban 26. es 27. a) era b) estábamos 28. está 29. a) era b) estaban 30. está 31. estuvo 32. fue 33. está 34. estaba 35. es 36. fue 37. a) son b) están 38. a) estaba b) estaba

2.3

A. 1. f 2. k 3. d 4. r 5. a 6. j 7. m
8. o 9. p 10. h 11. i 12. e 13. b
14. rr 15. q 16. c 17. l 18. n 19. ñ
20. g

B. 1. a) conozco b) sé 2. saben
3. a) sabía b) c) supo d) Sabes
d) conocieron 4. a) sabe b) saben
5. sabe 6. a) conocemos b) Saben
7. saben 8. a) Sabes b) conozco
9. Conoces 10. a) conocer b) sé
11. sabes 12. a) saber b) sabía
c) conocía 13. a) sabe b) sabe
14. a) conoce b) sabe 15. sé
16. a) conocen b) saben 17. conocí
18. sabemos 19. a) conocieron
b) Sabes 20. a) conoce b) sabe
21. Conoce 22. a) sabíamos
b) supiste 23. conoció
24. a) conoce b) sé c) conozco
25. a) Sabe b) sabe

2.4

A. 1. quien/quie/ra 2. su/rre/a/lis/mo
3. i/rre/a/li/za/ble 4. Gro/en/lan/dia
5. or/gá/ni/co 6. fo/to/gra/fí/a
7. es/pe/cia/li/za/ción
8. con/tem/po/rá/ne/o
9. qui/nien/tos 10. neu/tra/li/dad
11. pa/ren/tes/co
12. i/rres/pon/sa/bi/li/dad
13. com/pren/sión
14. im/per/tur/ba/ble
15. he/li/cóp/te/ro 16. mi/llo/na/rio
17. gu/ber/na/men/tal
18. lim/pia/chi/me/ne/as
19. in/do/eu/ro/pe/o
20. cons/truc/ción

B. 1. A/mé/ri/ca 2. sel/vas 3. a/quí
4. pe/lí/c/u/la 5. ca/fe/ci/to
6. pue/blo 7. an/da/luz
8. de/sem/ple/o 9. prác/ti/ca
10. Már/quez 11. á/gui/la
12. án/gel 13. cai/mán

14. his/pá/ni/co 15. pa/ís
16. a/de/mán 17. pe/núl/ti/mo
18. en/vi/dia 19. en/ví/o
20. en/vié 21. ma/íz
22. dis/tra/í/do 23. vien/to
24. bau/tis/ta 25. miem/bro
26. es/drú/ju/la 27. Dios 28. dí/as
29. re/li/gión 30. cons/tan/te
31. des/pués 32. al/re/de/dor
33. so/nám/bu/lo 34. deu/da
35. far/ma/cia 36. es/tre/lla
37. ins/tru/men/to 38. pro/ble/ma
39. le/í/ais 40. por/tu/gue/ses
41. de/mo/cra/cia 42. de/mó/cra/ta
43. ca/rác/ter 44. ca/rac/te/res
45. al/go/dón 46. cons/truí
47. con/ti/nú/o 48. con/ti/nuo
49. sar/tén 50. fan/fa/rrón
51. psi/co/lo/gí/a 52. in/cre/í/ble
53. es/pá/rra/gos
54. a/ma/bi/lí/si/mo 55. no/ro/es/te
56. tam/bor 57. al/ga/ra/bí/a
58. is/ra/e/li/ta 59. chi/llón
60. ba/úl 61. co/ne/xio/nes
62. a/le/mán 63. a/le/ma/nes
64. rio 65. rí/o 66. e/xa/men
67. e/xá/me/nes 68. ré/gi/men
69. re/gí/me/nes

C. Answers will vary.
D. Answers will vary.

CAPÍTULO 3

3.1

A. 1. fundo 2. se recortaban 3. los
escolares 4. la modorra 5. se hacía
oscuro 6. gemir 7. torcida 8. res-
plandor 9. la nave 10. se tornó
11. agudo 12. tambaleándose
13. pavor 14. tibieza 15. la planta
16. espantados 17. palo 18. madru-
garon 19. leña 20. chamuscado
21. se había posado

B. 1. b 2. c 3. a 4. c 5. a 6. c 7. b 8. c 9. b 10. c 11. b 12. c 13. a 14. a 15. b 16. c 17. c 18. a 19. c 20. b

3.2

A. 1. me duelen 2. faltan 3. Me gustaría 4. me parece 5. me costará mucho trabajo 6. no me queda 7. le sorprendería (le extrañaría) 8. me encantaría 9. me sobra 10. me resulte

B. 1. te toca 2. me parece 3. Faltaban 4. les molestan 5. les fascinan 6. les quedaba 7. le cayó 8. me ha costado 9. los pone 10. le dolían

C. Answers may vary.
1. Nos interesan las reglas de gramática. 2. Me importan los derechos civiles de todos los ciudadanos. 3. A Luis y a Esteban les molesta tener que estacionar muy lejos de la universidad 4. Sé que a ustedes les preocupa la limpieza del medio ambiente. 5. Me fascina la idea de la inteligencia artificial. 6. Nos encanta montar en bicicleta durante el verano. 7. A Ernestito y a Gustavito les daba miedo estar en casa solos durante una tormenta. 8. Me enojan mucho los chóferes que manejan por encima del límite de velocidad

D. Answers will vary.

E. 1. nos sobra 2. a) me resultó b) me quedaba c) le hacía 3. te extraña 4. me cayeron 5. las pone 6. me dolía 7. les encanta 8. los pone 9. le dolían 10. nos faltaban 11. a) me costó b) me sobraba 12. a) le cayó b) le disgustaron 13. me ha fascinado 14. les conviene

F. Essential information: 1. Se me rompieron todos los platos. 2. Se me murió el perro. 3. Se le hizo tarde. 4. Se nos quemó la torta. 5. Se te olvidaron los chistes. 6. Se les ocurrió una idea.

G. Answers may vary.
1. A Marcos se le olvidó traer la tarea a clase. 2. A los trabajadores se les cayó el piano y se les rompió. 3. Se me escapa la palabra que necesito para esta frase. 4. A Laura se le soltaron los caballos y se le perdieron. 5. Marisol y Javier trabajaban con el ordenador cuando se les decompuso. 6. No se me ocurrió pedirle más tiempo al profesor para mi proyecto de clase. 7. Como bailaba tan enérgicamente, a Reinaldo se le rompieron los pantalones. 8. Durante el examen, ¿se te olvidaron las formas irregulares del pretérito? 9. No pudimos entrar en casa porque se nos quedó la llave adentro. 10. Se me cayó el cigarrillo encendido y se me quemó el mejor mantel de mi mamá.

H. 1. Hacía un poco más de dos años (26 meses) que Susana vivía en Madrid cuando su familia se trasladó a Barcelona. 2. Susana llevaba casi cuatro años en Barcelona cuando comenzó a asistir a la escuela. 3. Hacía cinco años que Susana vivía en Barcelona cuando su padre le compró Duque. 4. Hacía dos o tres meses que los cuatro cachorros vivían cuando Susana se los regaló a sus amigos. 5. (En el año...) Hace... años que Susana y su familia se trasladaron a Sevilla.

I. Answers may vary.
1. Hacía 25 años que trabajaba de maestro. 2. Hace cuatro días que terminamos el capítulo 2.

3. Hace… años que los Muñoz viven en Quito. 4. Hacía cuatro horas que Héctor estaba en la fiesta. 5. Hacía diez años que Luisa y José vivían en Santander. 6. Hace tres horas y media que Raquel no puede dormirse. 7. Hace… meses que no vemos a los Hernández. (Hace… meses que visitamos a los Hernández.)

3.3

A. 1. chiflido 2. gañido 3. bramido 4. pitido 5. graznido 6. estallido 7. balido 8. siseo 9. canturreo 10. jadeo

B. 1. la cima 2. a) la copa b) encima del (sobre el) c) el techo 3. la parte superior (la parte de arriba) 4. a) las carpas b) sombrero de copa 5. victorioso 6. de arriba a abajo 7. lleno hasta arriba 8. el sueldo más alto 9. muy confidencial (un secreto de estado) 10. el cajón (la gaveta) de arriba 11. a) el mejor b) de primera (clase) 12. a) la tapa b) trompos 13. el primero

3.4

A. —Perdón. Ese señor quiere que Ud. le dé el segundo mensaje y no éste.
—¿De qué mensaje me habla? No sé nada de ningún otro mensaje, sólo que aún ha llegado uno solo.
—Pues, él dice que sí, que se le mandó otro. Si Ud. no lo tiene, entonces ¿quién?
—Eso lo sabrá Dios. Creo que Ramón ha recibido 5 ó 6, aun más que yo sepa; pregúntale a él, no a mí, para ver dónde ha parado el segundo. ¡Qué bobada!

B. —Óyeme, Inés. No encuentro mi bolígrafo donde creía que lo había dejado. ¿Sabes tú dónde está?
—No, no lo sé. ¿A ti se te perdió?
—Sí, por lo visto. Y si no lo encuentro, ¿con qué escribiré la composición?
—¡¿Cómo?! Hay por lo menos 10 ó 15 plumas ahí en el escritorio. ¿Por qué no usas una de ésas?
—No, sólo debo usar mi favorito porque a mí siempre me trae buena suerte.
—¿Qué locura es ésa? Escribir con un lápiz en particular no tiene nada que ver con tu éxito.
—Tienes razón, pero es una costumbre que tengo.
—Sería mejor decir que es una estupidez que cometes. Mira. Como sigues molestándome con tales tonterías, te dejo solo con tus supersticiones.
—¡No, chica! ¡No te vayas! ¡Sé compasiva! No lo he encontrado aún y necesito que me ayudes a buscarlo.
—¡No! Aun los más pacientes tienen su límite y he llegado al mío. Adiós, ¡imbécil!

C. Answers will vary.
D. Answers will vary.

CAPÍTULO 4

4.1

A. 1. remontaron 2. cautelosamente 3. atropelladamente 4. al punto 5. cielo raso 6. el vecindario 7. embrujada 8. peregrina 9. había acomodado 10. quejidos 11. de pelo en pecho 12. una vara 13 achacara

B. 1. c 2. a 3. b 4. c 5. b 6. c 7. a 8. b 9. b 10. a 11. b 12. b 13. c 14. a 15. c 16. b

4.2

A. 1. digas, hayas dicho, dijeras (dijeses), hubieras (hubieses) dicho
2. veamos, hayamos visto, viéramos (viésemos), hubiéramos (hubiésemos) visto 3. muera, haya muerto, muriera (muriese), hubiera (hubiese) muerto 4. dé, haya dado, diera (diese), hubiera (hubiese) dado
5. haga, haya hecho, hiciera (hiciese), hubiera (hubiese) hecho
6. sepan, hayan sabido, supieran (supiesen), hubieran (hubiesen) sabido 7. traigas, hayas traído, trajeras (trajeses), hubieras (hubieses) traído 8. conduzca, haya conducido, condujera (condujese), hubiera (hubiese) conducido 9. pidan, hayan pedido, pidieran (pidiesen), hubieran (hubiesen) pedido
10. sean, hayan sido, fueran (fuesen), hubieran (hubiesen) sido

B. 1. A Marco le disgusta que haya llovido tanto últimamente. 2. El entrenador exhortó a los jugadores a que jugaran (jugasen) lo mejor posible. 3. Elena no ha logrado que su marido le compre un coche nuevo.
4. Mis padres me exigían que limpiara (limpiase) el cuarto una vez a la semana por lo menos. 5. Mi tía se opuso a que mi primo me acompañara (acompañase) a la fiesta de Reinaldo. 6. Le he suplicado a mi tía que deje que Antonio salga conmigo.

C. 1. Mis padres se alegraron de que ganara (ganase) la competencia de natación. 2. A mi cuñada le indigna que mi hermano no la ayude con los quehaceres domésticos. 3. A mí me daba lástima que hubiera (hubiese) tanta gente desamparada. 4. A todos nos admira que nuestro candidato preferido no aspire a gobernador del estado. 5. A Timoteo le extraña que haga tanto tiempo que no lo llamo.
6. Mi hermana se sentía avergonzada de que su novio hubiera (hubiese) tenido que pasar la noche en la cárcel.

D. 1. les, hicieran (hiciesen) 2. te, saques 3. me, les, mintiera (mintiese) 4. nos, le, traigamos
5. le, durmiera (durmiese) 6. le, muestren 7. nos, supiéramos (supiésemos) 8. le, les, sirva 9. te, traduzcas 10. a) le, diga, b) se enoje, c) le, informe 11. le, sacara (sacase), fuera (fuese) 12. les, tuvieran (tuviesen) 13. nos, lleguemos 14. les (os), jueguen (juguéis)
15. le, les, diera (diese) 16. nos, nos pusiéramos (pusiésemos)

E. Answers will vary

F. Answers will vary.

G. 1. a) quisiera (quisiese) b) iba
c) mostrara (mostrase) d) gustaba
2. sepas 3. nos divirtamos 4. fuera (fuese) 5. recojas 6. a) hiciera (hiciese) b) practicara (practicase) c) dijera (dijese) 7. a) cruce
b) atropelle 8. a) haya estacionado b) quede 9. a) devolviera (devolviese) b) asistir 10. a) paguemos b) dé c) debe 11. a) repitiera (repitiese) b) podía 12. tradujeran (tradujesen) 13. cruzáramos (cruzásemos) 14. a) ir b) haya
15. a) fueran (fuesen) b) salir
16. a) se durmieran (durmiesen)
b) estuvieran (estuviesen)
17. repitiéramos (repitiésemos)
18. a) consiga b) encontrar
19. a) recojas b) mande c) hagas
20. a) se acuesten b) descansar
21. a) volvieran (volviesen) b) fueran (fuesen) 22. pensaba 23. supiéramos (supiésemos) 24. haya

25. a) busque b) sé 26. se diviertan
27. salieras (salieses) 28. mintieran
(mintiesen) 29. a) pidiera (pidiese)
b) prestara (prestase) 30. haya
llegado 31. beber 32. iba
33. a) tomara (tomase) b) me
sorprendí c) fuera (fuese)
34. a) acompañara (acompañase)
b) sepa 35. a) te enfades
b) tocaras (tocases) 36. se quedara
(quedase) (hubiera quedado)
(hubiese quedado) 37. siguieran
(siguiesen) 38. supiera (supiese)
39. a) haya entrenado b) gane
40. a) hablen b) es 41. a) salieran
(saliesen) b) quedarse 42. a) tener
b) hay 43. siguiera (siguiese)
44. prestara (prestase) 45. a) haya
llovido b) dejara (dejase)
46. tuvieras (tuvieses) 47. trajera
(trajese) 48. iban 49. hay (habrá)
50. vaya 51. a) amara (amase)
b) había 52. trae (traerá)
53. hubieran (hubiesen) engañado
54. juega 55. quiere (querrá)
56. vaya 57. haya

4.3
A. 1. señorito 2. vocecita 3. cosilla
4. soplón 5. cervecita 6. gritona
7. gordinflón 8. patineta 9. hom-
brón 10. mujercita
B. 1. sino 2. sino que 3. pero 4. pero
5. pero 6. pero 7. sino 8. pero
C. 1. sino 2. menos (salvo, excepto)
3. sino que 4. pero 5. sino 6. sino
7. pero 8. sino (más que) 9. pero
10. menos (salvo, excepto) 11. pero
12. sino 13. a) sino (más que)
b) pero 14. sino 15. a) sino que
b) sino (más que) 16. pero 17. sino
que 18. sino 19. sino que 20. sino
(más que) 21. pero 22. sino

23. a) meno (salvo, excepto)
b) pero c) sino que

4.4
A. 1. d 2. b 3. c 4. a 5. f 6. h 7. g
8. e 9. j 10. k 11. i 12. 1
B. Answers will vary.
C. Answers will vary; model answers:
1. Hay oscuridad y una luz que se
mueve sin explicación. Se ve la
oscura silueta de una casa de
campo abandonada. Hace viento
y se oyen los golpes de una ventana ruinosa.
2. Sí, su reacción está de acuerdo
con el desarrollo del personaje
en el cuento. Es José Dolores el
que manda que abran la puerta
antes de espantarse Gabriel, y
obviamente es el líder del grupo.
3. Don Luis Argüeso, siendo rico e
influyente, no fue tratado por el
sistema de justicia como lo habría
sido un campesino que hubiera
cometido un crimen semejante. El
Puerto Rico de la época del cuento es de los pu-dientes, quienes
vigilan sus intereses sin preocuparse por los derechos de los
pobres ni por las condiciones
económicas de los mismos.

CAPÍTULO 5

5.1
A. 1. una gama 2. se advirtiera
3. módico 4. equiparable 5. el con-
trabando 6. asqueroso 7. la meta
8. escasear 9. acaparaban
10. devenir 11. un tratado
12. involucraba 13. rotundamente
14. una mesera 15. las pepas
16. sufragar
B. 1. c 2. a 3. a 4. b 5. c 6. b 7. c
8. a 9. c 10. b 11. a 12. b 13. c
14. a 15. c 16. b 17. a 18. a

5.2

A. 1. apoyáramos (apoyásemos)
2. a) diga b) limpies 3. llegar
4. había arreglado 5. se prepare
6. haya llamado 7. a) sean b) vuela
(ha volado) 8. fuera (fuese) 9. se
divierta 10. seguir 11. a) tiene
b) gane

B. 1. d 2. c 3. e 4. a 5. b

C. Answers will vary.

D. Model answers:
1. ...quería oír / ...quiera oír
2. ...dijo / ...diga 3. ...vi / ...vea
4. ...fui allá / ...vaya allá 5. ...él
indicó / ...él indique

E. Model (possible) answers:
1. a) Cualquiera que nos hablaba era
atendido en seguida. b) Cualquiera
que nos hable será atendido en
seguida. 2. a) Dondequiera que
viajaba, encontraba gente amable.
b) Dondequiera que viaje, encon-
trará gente amable. 3. a) Siempre
compra cualquier cosa que ella pide.
b) Comprará cualquier cosa que ella
pida. 4. a) Comoquiera que lo
canta, lo canta bien. b) Comoquiera
que lo cante, lo cantará bien.

F. 1. Ganaremos, cueste lo que cueste.
2. Pase lo que pase, iré contigo.
3. Quieras o no, tienes que estar de
acuerdo. 4. Que yo sepa, no lo
decidiremos hasta mañana. 5. No
nos queda mucho dinero que di-
gamos.

G. 1. haya 2. ofrece 3. tomes
4. a) encuentre b) cueste c) cueste
5. a) se despertaran (despertasen)
b) llegar 6. a) hubiera (hubiese)
b) teníamos c) contestar
7. a) Quieras b) sigas c) recibir
8. llegaran (llegasen) 9. encon-
tráramos (encontrásemos)
10. a) sean c) tengo 11. a) decían
b) insistan c) hace d) quiere

e) quieran 12. a) comprar b) costara
(costase) c) costara (costase)
d) trabaje 13. a) había b) entendiera
(entendiese) 14. a) fuera (fuese)
b) tratara (tratase) c) hicieran
(hiciesen) d) tenía e) gustara (gustase) f) había g) pudiera (pudiese)
h) decir i) forzara (forzase) j) fuera
(fuese) k) mostró l) se vendían
15. haya oído 16. a) casar
b) quisiera (quisiese) c) sugerí
17. sepa 18. a) vaya b) hablaré
19. a) haya traducido b) hace
20. a) pudiera (pudiese) b) encontrar
c) se vendía d) encantaba
21. a) dijera (dijese) b) era c) dije
d) se podía 22. a) perdonar
b) necesito c) se preocupe d) creo
d) necesite e) pase f) pase g) pienso
h) robe 23. a) leas b) empezar
c) contestarlas 24. a) costara
(costase) b) encontraran (encon-
trasen) 25. cocine 26. me esfuerce
27. a) sepa b) es (será) c) asistas
d) quieras 28. a) regresa b) entienda
c) conviene d) estudiar e) relajarse
29. a) quiere b) controlen 30. sea
31. tuviera (tuviese) b) prefería
32. cuesta 33. practiques
34. a) leyera (leyese) b) supiera
(supiese) 35. ha parecido (parece)
36. protejamos 37. a) haya b) sepa
c) dé d) sean e) exijan

5.3

A. 1. a) disquete b) archivar c) archivo
d) disco duro 2. a) navegar b) red
c) instales d) programa e) sitios en
la red 3. a) procesador de textos
b) ratón c) sombrea d) copiar
e) he-rramientas f) pega g) insertar
h) teclado 4. a) dirección electróni-
ca b) arroba c) envías (mandas)
d) correo electrónico 5. a) bajar

b) ícono c) cliquea (haz click)
d) pantalla e) carpeta f) se archive
6. a) clave b) página de entrada
(principal) c) computadoras

B. 1. preguntar por 2. pedir 3. hacer
4. pedir 5. pedir 6. invitar
7. preguntar 8. preguntar 9. pedir
10. invitar

C. 1. invitó 2. hace muchas preguntas
3. pedí 4. preguntan por 5. pedir
prestados 6. preguntábamos
7. pidieron 8. preguntaron 9. pedir
prestadas 10. Invitaste 11. preguntaron por 12. hace muchas preguntas 13. pedir prestada 14. vamos a
pedir 15. pregunté

5.4

A. Cuando vi a Luisa por primera vez,
supe que iba a ser mi esposa; era la
mujer más bella que había visto en
mi vida. Claro, tenía el pelo oscuro
y largo, ojos luminosos y un cuerpo
divino, pero su atracción iba más
allá de lo corporal. Lo más llamativo de ella era su espíritu; sentí su
presencia como si me bendijera un
ángel. Cuando se lo dije a los amigos que estaban conmigo esa noche,
trataron de desanimarme, pero ni las
tachas que le puso Enrique, ni la
crítica de Luis, con quien ya estoy
peleado, ni las cosas negativas que
comentó Jorge, pudieron disuadirme,
sino que me convencieron aun más
que había conocido a mi futura
esposa. Curiosamente, después de
que nos habíamos casado, Luisa
confesó que esa primera noche, al
verme, yo no le caí bien de ninguna
manera y que nunca habría salido
conmigo si Esteban, su antiguo
novio, no hubiera cancelado la cita
que tenía con ella para esa noche.

B. Answers will vary.
C. Answers will vary.

CAPÍTULO 6

6.1

A. 1. pago 2. el presidio 3. mal
ganada 4. campito 5. ganado
6. inabarcables 7. enceguecedora
8. poblaciones 9. blanqueaban
10. sementeras 11. espoleaba
12. añosa 13. mechones 14. prole
15. se había juntado 16. atónita

B. 1. b 2. a 3. c 4. b 5. c 6. a 7. c
8. a 9. c 10. a 11. c 12. a 13. c
14. b 15. a

6.2

A. 1. a) arreglar b) hayan hecho
2. a) leyera (leyese) b) saber
c) había leído 3. se pusieron 4. se
durmiera (durmiese) 5. consiga
6. nos quedáramos (quedásemos)
7. llueva 8. entendiéramos
(entendiésemos) 9. diera (diese)
10. a) gustaba b) pidiera (pidiese)
11. a) tuviéramos (tuviésemos)
b) costara (costase)

B. 1. a) creyera (creyese) b) quería
2. a) empezó b) amaba 3. a) decía
b) amara (amase) 4. a) dijo b) fuera
(fuese) 5. a) dice b) miente
c) declara 6. a) trate b) explicar
c) diga 7. a) hubiera (hubiese)
salido b) empezar c) dijera (dijese)
8. desconfió 9. perdonara (per-
donase) 10. a) era b) había salido
c) supera (supiese) d) se enterara
(enterase) e) rompería 11. a) fra-
casara (fracase) b) fuera (fuese)

C. 1. a) haya conseguido b) veamos
2. a) habrá envuelto b) llegue
3. a) hubiera (hubiese) salido b) nos

conociéramos (conociésemos)
c) dijera (dijese) d) había conocido
e) quisiera (quisiese) 4. a) había
escrito b) decidirse 5. a) se había
llevado b) visitamos 6. a) has
puesto b) llegue 7. a) expliqué
b) necesitaba c) ayudara (ayudase)
d) pagara (pagase) e) pedía f) diera
(diese) 8. a) se durmió (se había
dormido) b) se acostó 9. a) hayan
dolido b) pueda 10. a) vio b) gustara (gustase) 11. a) hayas hecho
b) te hayas bañado c) permita d) salgas 12. a) se despierten b) sean
c) llegar d) esté e) salgan 13. a) nos
acostamos b) son 14. comerse
15. a) fuéramos (fuésemos) b) llegara (llegase) c) iba d) bañarse e) se
hubiera (hubiese) maquillado f) se
hubiera (hubiese) puesto 16. recibo
17. a) deben b) casarse c) estén
d) se aman 18. sepa 19. a) salgas
b) cenemos c) conozcas d) mueran
e) se vayan f) salir 20. a) haya
b) vuelva c) pienso d) entienda

D. 1. a) quieras b) diga c) hagas
d) vuelva 2. a) machacaba b) estuviera (estuviese) 3. a) era b) hacer
c) supieran (supiesen) d) pudieran
(pudiesen) e) hiciera (hiciese)
4. a) se había sentido b) llamó
c) salir d) dijo e) fuera (fuese)
f) conociera (conociese) g) quisiera
(quisiese) (querría) 5. a) cesara
(cesase) b) pide c) aprendamos
d) se puede e) había f) habríamos
(hubiéramos) vuelto g) queda
h) pase i) se invente j) haya
k) hayamos estudiado l) deje
6. a) condujera (condujese)
b) tuviera (tuviese) c) quisiera
(quisiese) d) esperara (esperase)
e) conseguir f) pagara (pagase)
g) iba h) gustara (gustase) i) costara

(costase) j) costara (costase),
k) consiguiera (consiguiese)
7. a) ofreciera (ofreciese) b) tuviera
(tuviese) c) hubiera (hubiese)
d) puede e) garantizar 8. a) se diera
(diese) b) decían 9. a) llamáramos
(llamásemos) b) termináramos (ter-
minásemos) / hubiéramos (hubiésemos) terminado c) prometimos
d) quería 10. a) veas b) es c) acom-
pañe 11. a) dieron b) me dormí

E. 1. Si trabajo, me pagan. / Si traba-
jaran, yo les pagaría . 2. Si ella
vive, estarán contentos. / Si ella
muriera, estarían tristes. 3. Si ayu-
damos a los pobres, comerán mejor.
/ Si comieran mejor, tendrían más
energía. 4. Si lo piensas, verás que
tengo razón. / Si lo pensaras, enten-
derías mis motivos. 5. Si llovía, no
íbamos a la playa. / Si hubiera llovido, nos habríamos quedado en casa.

F. Answers will vary.

G. 1. gustaría 2. a) iba b) habría invitado 3. a) decía b) pararía c) me com-
portara (comportase) d) estábamos
e) sabía 4. a) hable b) entendiera
(entendiese) 5. a) habrían sido
b) llegara (llegase) 6. a) ves b) pida
c) salí 7. habría habido (habría)
8. apareciera (apareciese) 9. hubiera
(hubiese) gastado 10. a) sepas
b) invitara (invitase) c) saldría
d) fuera (fuese) 11. a) hable
b) supiera (supiese) 12. ve 13. nos
lleváramos (llevásemos)
14. a) hablaba b) hubiera (hubiese)
sabido c) odia (odiaba) 15. se
habría evitado 16. hubieran
(hubiesen) educado 17. a) tengo
b) saques 18. a) lim-pies b) visite
c) viera (viese) 19. a) hay b) hemos
llegado

6.3

A. 1. inaceptable 2. imperdonable
3. inmortal 4. intocable 5. incierto
6. descargar 7. descubrir
8. destornillar 9. descongelar
10. desvestir (desnudar)

B. 1. Se hacía 2. Me puse 3. fue de él
4. llegó a ser 5. se convirtió en
(llegó a ser) 6. se volvió 7. me
volví (hice) 8. se volvía 9. se metió
a 10. se había hecho 11. había sido
12. se enfermó

C. Answers may vary.
1. a) Se hizo abogado. b) Llegó a
ser presidente. c) Imelda se puso
gorda. d) Marcos se convirtió en un
dictador.
2. a) Se hizo jugador de baloncesto
profesional. b) Se pusieron contentos. c. Llegó a ser entrenador
principal del equipo. d) Se convirtió en campeón mundial.

D. 1. se convirtiera (convirtiese) 2. se
pusieron 3. hacerme 4. llegó a ser
5. fue (se hizo) de 6. se metió a
7. Se hacía de 8. se quedó 9. nos
pusimos (volvimos) 10. meterte
11. ha-cerme 12. llegó a ser 13. se
ha puesto 14. fue (se hizo) de
15. se haga 16. se quedó

6.4

A. Cuando por fin me desperté, sufrí
una desorientación completa; nada
me parecía conocido. Donde había
habido árboles, arbustos y flores, ya
sólo se veían edificios y casas,
algunos de ellos aparentemente
antiguos; donde había habido campos y riachuelos, ya yo percibía solamente calles adoquinadas y aceras
estrechas. El cielo, que yo recordaba
ser de un azul enceguecedor y en el
que flotaban nubes blanquísimas,
redondas y grandes, como si fueran
galeras que navegaban por el
espacio, luego parecía un gris enfermizo, manchado de nubezuelas que
parecían estar ahogándose en la nada
que las devoraba. No, tuve que
reconocer la verdad; ya no me
encontraba en el mismo lugar, o
mejor dicho, en la misma época en
que me había dormido. Pero,
¿dónde?, ¿cómo?, ¡¿cuándo?!; estaba ansioso por descifrar ese misterio.

B. Siempre me ha gustado el verano;
hace buen tiempo y siempre ando a
gusto. Los árboles, verdes y sombrosos, me parecen muy lindos; la
tierra, cubierta de hierba y salpicada
de florecitas vivas, aromáticas, me
invita a pisarla descalzo; el cielo, a
veces azul, otras, casi de un blanco
enceguecedor, da la impresión de
ser un océano de aire en el que las
aves son peces que nadan por la
atmósfera líquida, como si estuvieran en un gran acuario cósmico.
Intento lo más posible pasar las
horas afuera porque siempre hay
algo grato que hacer, como ir al parque o tomar el sol; poder hacer tales
actividades es un verdadero placer.
Sí, ya sé, hay gente a quien le
molestan los insectos y los quehaceres veraniegos; a mí, no. Por
supuesto, no quiero ni pensar en la
llegada del otoño y los días de frío
que promete traer; mientras tanto,
gozo del calor, saboreando cada día
estival.

C. Answers will vary.

D. Answers will vary; model answers:
1. Es probable que los cambios que
ve a su alrededor mientras va
acercándose a su «pago» lo de-
sorienten y lo depriman.

Además, los cambios que nota le recuerdan los años de vida que ha perdido por haber estado en la cárcel tanto tiempo.

2. Parece que Indalecio no siente remordimiento por haber matado a otro ser humano por ser tal crimen inmoral, pero sí siente haber perdido la libertad y el contacto con su familia durante tantos años como consecuencia de su crimen.

3. a) Indalecio reconoce que es imposible borrar las consecuencias de su ausencia de quince años: su mujer ya vive con otro hombre hace años y ha tenido hijos con él. Indalecio ya no pertenece a esa familia y entiende que no vale nada tratar de rehacer una realidad en la que él no cabe. b) Sí, el castigo de Indalecio sigue porque se encuentra solo, sin familia ni «pago», y se dirige al frente de la guerra donde es probable que sufra más, o que muera.

CAPÍTULO 7

7.1

A. 1. encarna 2. incapacitado 3. la despenalización 4. en el candelero 5. una pendiente peligrosa 6. minusvalías 7. empeora 8. facultativo 9. sanaciones 10. dolencias 11. verdugo 12. frena 13. paliativos 14. procurar 15. mitigar 16. trastornadas 17. las ganas 18. amparar 19. gravemente 20. desfavorecida 21. potenciará

B. 1. c 2. b 3. a 4. b 5. a 6. c 7. b 8. a 9. c 10. c 11. b 12. a 13. c

14. a 15. c 16. b 17. c 18. a 19. c 20. a 21. b 22. a 23. b

7.2

A. 1. el 2. el 3. el 4. el 5. los 6. el 7. el 8. el 9. el 10. el 11. el 12. la 13. el 14. los 15. el 16. el 17. la 18. los 19. el 20. los 21. la 22. la 23. el 24. la 25. el 26. el 27. los 28. los 29. el 30. las

B. 1. a) Una b) un c) un d) X e) una f) X g) un h) X 2. a) un b) una c) X d) X e) una f) una g) X h) una 3. a) una b) un c) unas d) una e) un f) X g) una h) una

C. 1. a) Los b) Las c) las d) lo 2. a) las b) las 3. lo 4. a) X b) al 5. a) X b) lo c) un d) el 6. a) el b) un 7. a) X b) X 8. lo 9. a) los b) el c) X 10. a) una b) la c) la d) X 11. a) X b) un 12. a) los b) el c) el d) del 13. a) Lo b) X c) el d) X e) la f) X g) el

D. 1. en 2. en 3. de 4. con 5. tras 6. contra 7. por 8. sin 9. Según 10. entre 11. desde

E. 1. e 2. b 3. a. 4. f 5. c 6. g 7. i 8. h 9. d

F. Answers will vary.

G. 1. a) a b) a 2. a 3. a 4. al 5. a 6. a) a b) a 7. a) a b) a 8. al 9. a) a b) X 10. a) a b) a c) al 11. X 12. a) a b) a c) a 13. a 14. al 15. A

7.3

A. 1. q 2. p 3. n 4. g 5. t 6. a 7. k 8. r 9. b 10. rr 11. d 12. h 13. o 14. f 15. c 16. ñ 17. s 18. i 19. m 20. l 21. j 22. e

B. 1. a) se parece a b) parecen 2. parece 3. a) se parece a b) se parecen a 4. parece 5. parecerse 6. parece 7. se parecía a 8. a) parecen b) se parecen a

C. 1. a principios de marzo / a fines de mayo 2. a mano 3. al horno
4. a caballo 5. por el parque 6. me puse a 7. conocer a 8.–10. Answers will vary.

7.4

A. Querida Estela:
No entiendo... dudo que... pues, no sé qué responderte. Cuando me escribiste: «Ya no quiero verte más», se me ocurrieron dos preguntas: ¿cómo puede ser? y ¿qué hice yo? Yo había creído que eras feliz—así me lo parecías—saliendo conmigo. Fuimos a tantos lugares: al cine, al teatro, a la playa... Después de todas nuestras citas y excursiones, siempre me decías lo mismo: «¡Cómo me encanta tu compañía!» ¿Qué ha pasado? ¿Yo me he convertido en un «Mr. Hyde»? ¿No fui para ti nada más que un «tour guide» que sólo servía para distraerte? Recuerdo bien nuestra última conversación:
—¿Tendrías interés en acompañarme a una función de la ópera?
—¡Ay, claro, Antonio, me gustaría mucho, cuando quieras!
¿Así que ahora no quieres verme más? Esto me ha herido en lo más profundo. Me has... ¿cómo pudiste...? me quedo... No, no puedo creerlo—¿cómo creer que fueras capaz de tal abuso de mi afecto?—que quieras romper conmigo. Escríbeme pronto para...
B. Answers will vary.
C. Answers will vary.

CAPÍTULO 8

8.1

A. 1. el talón 2. la comisaría 3. una denuncia 4. arañazos 5. en cabestrillo 6 a trompicones 7. estrado 8. un puro 9. retransmite 10. se da por aludido 11. balbucea 12. un asilo 13. colérico 14. reventado 15. alterado 16. unos atracadores 17. rehenes 18. bufando 19. mesándose 20. ira 21. el lateral izquierdo
B. 1. b 2. c 3. b 4. c 5. c 6. b 7. c 8. a 9. c 10. b 11. a 12. c 13. b 14. b 15. c
C. 1. Se tira el pelo (Se mesa los cabellos). 2. Asiente con la cabeza. 3. Señala la puerta. 4. Se limpia las uñas. 5. Se frota las manos. 6. Se retuerce en el asiento. 7. Aplaude entusiasmado. 8. Fuma un puro. 9. Le aprieta el brazo. 10. Da un respingo (Hace un movimiento brusco).
D. 1. e 2. c 3. f 4. a 5. d 6. b

8.2

A. 1. a) a b) a c) de d) de e) del f) de g) del h) a i) al j) de k) de
2. a) en b) en c) de d) en e) en f) en g) en h) en i) en j) en k) en
3. a) con b) con c) en d) con e) con f) en g) en h) en i) en j) en k) en
B. 1. X 2. para 3. X 4. de 5. a 6. de 7. con 8. del 9. A 10. con 11. X 12. de 13. a 14. en
C. 1. Ud. debe abstenerse de beber. 2. Ud. debe dejar de fumar. 3. Ud. debe librarse de malos amigos. 4. Ud. debe arrepentirse de haber

hecho el mal. 5. Ud. debe huir de toda tentación. 6. Ud. debe olvidarse de los cuentos de hadas. 7. Ud. debe estar de rodillas más. 8. Ud. debe actuar de buena fe siempre. 9. Ud. debe avergonzarse por no compadecerse de otros. 10. Ud. no debe jactarse nunca de nada.

D. Answers will vary.

E. 1. a) de b) en c) al 2. a 3. X 4. en 5. a) en b) a 6. a) a b) con c) de 7. a) de b) en 8. a) a b) X c) X 9. a) de b) con 10. a) de b) con 11. a) de b) en (a) 12. a) en b) a 13. a) En b) de c) de 14. a) de b) X c) con 15. a) X b) con c) de 16. a) a b) X 17. a) X b) de 18. a) X b) a 19. a) al b) de 20. a) con b) de c) de d) en

8.3

A. 1. discrepancy 2. bitterness 3. darkness 4. multitude 5. maturity 6. uneasiness 7. spirituality 8. drunkenness 9. weaknesses 10. cleanliness 11. adolescence 12. old age 13. making (manufacture) 14. humidity 15. strangeness 16. softness 17. resonance 18. craziness

B. 1. Me enfada (enoja) que mi esposo lea el periódico y no me preste atención. 2. Escribimos que estábamos agradecidos por su atención. 3. A Javier le llamó la atención que Sara no estuviera en la reunión y en atención a eso, se fue temprano para buscarla. 4. Su padre le llamó la atención a José por no ayudar más con los quehaceres domésticos. 5. Los vestidos que las actrices llevaban en el estreno llamaron mucho la atención.

8.4

A. Answers will vary.
1. ~~le~~ exclamó 2. preguntó 3. contestó 4. ~~le~~ protestó 5. ~~le~~ se quejó 6. le observó 7. repitió 8. razonó 9. insistió 10. pidió 11. preguntó 12. gritó 13. prometió 14. murmuró 15. razonó 16. ~~le~~ añadió 17. ~~le~~ exclamó

B. Answers will vary.

C. Answers will vary.

CAPÍTULO 9

9.1

A. 1. jubilado 2. concedido 3. condecorado 4. Una campana 5. nítida 6. paso 7. la fechada 8. bibliográfica 9. una especie 10. registros 11. ondas 12. atrevidos 13. Pese a 14. halagar 15. advirtió 16. disimulada 17. cuernos 18. pasó revista 19. los gestos 20. sobreponerse 21. ignoraba 22. Enloquecido 23. perder el sentido 24. había echado 25. había perdido 26. se había fugado

B. 1. b 2. c 3. c 4. a 5. a 6. c 7. a 8. c 9. b 10. a 11. c 12. b 13. c 14. b 15. a 16. a 17. c 18. b 19. c 20. a 21. b 22. a 23. c 24. b 25. a

9.2

A. 1. por 2. Por 3. para 4. para 5. para 6. por 7. para 8. por 9 Para 10. para

B. 1. por 2. para 3. por 4. por 5. para 6. por 7. por 8. para

C. 1. por otra parte 2. copas para (de) vino 3. por consiguiente 4. remedios para el dolor de cabeza 5. llantas para la nieve 6. por desgracia 7. por escrito 8. por ahora

D. Answers will vary.

E. 1. Para 2. para 3. a) por b) por
c) por 4. por 5. para 6. a) para
b) por c) para d) para e) por
7. a) por b) para c) por 8. a) para
b) por c) por d) por e) para
9. a) por b) para 10. por 11. Para
12. Por 13. por 14. para 15. para
16. por 17. por 18. Para 19. para
20. por 21. para 22. por 23. a) por
b) para 24. para 25. por 26. por
27. por 28. por 29. a) Por b) por
30. para 31. por 32. a) por b) por
33. por 34. a) por b) para c) para
35. a) para b) para 36. a) por
b) para 37. a) para b) para 38. por
39. por 40. a) por b) para c) para
d) por e) para f) por g) para
41. a) por b) para 42. a) Para
b) Por c) por d) por e) Por f) para
g) por h) por 43. para 44. a) Para
b) por 45. para

F. 1. e 2. d 3. a 4. f 5. b 6 c

G. 1. después de 2. frente al (enfrente
del) 3. fuera del 4. a causa de
5. A pesar de 6. en vez de
7. delante de 8. al lado de
9. a través (por) 10. dentro del
11. separada de 12. debajo de
13. además del 14. Antes de
15. a fuerza de 16. en cuanto a

9.3

A. 1. tomamos (cogimos) 2. tomar
3. se había llevado 4. llevara
(llevase) 5. quitársela 6. Sacó
7. echar (dormir) 8. dar 9. iba a
despegar 10. tomado 11. hacer
12. tomarme

B. 1. quitar 2. despegara (despegase)
3. llevó 4. sacara (sacase)
5. Quítense 6. Tomaste 7. hacer
8. sacaron (tomaron) 9. dar
10. duerme (echa) 11. tomar (coger)

12. tomarme (cogerme) 13. se llevó
14. tomo

C. 1. d 2. f 3. a 4. b 5. g 6. c 7. h
8. i 9. j 10. e

D. Answers will vary.

9.4

A. Answers will vary.

B. Answer will vary

CAPÍTULO 10

10.1

A. 1. buscarse el jornal 2. asomada
3. buena lengua 4. a derechas
5. apuntado 6. rapada 7. engulló
8. zurrón 9. cecina 10. valía 11. el
currusco 12. retrasado 13. chozo
14. tendió 15. áspero 16. torpe
17. sordo

B. 1. a 2. c 3. b 4. a 5. b 6. a 7. c
8. a 9. c 10. c 11. c 12. b 13. a
14. c 15. b 16. c 17. b 18. a

10.2

A. 1. coche de deporte italiano 2. el
horrífico accidente 3. el torpe
mesero 4. la famosa abogada 5. un
joven estudioso 6. un día magnífico
7. en vivos colores 8. el aburrido
orador, con discursos interminables
9. un entendimiento profundo
10. su pierna rota 11. a sus lindos
hijos 12. la depresión atmosférica
13. los prácticos romanos, el mundo
conocido 14. de tacón alto 15. un
hombre desagradable, sus sarcásti-
cas observaciones 16. gustos anti-
cuados, los muebles modernos

B. 1. las magníficas obras literarias
2. tales cuentos imaginativos 3. una
suntuosa cena tailandesa 4. su
impresionante fachada barroca 5. el

conmovedor himno nacional

C. 1. un elegante vestido de seda
2. sabrosas fresas de junio 3. una fea mesita de noche 4. su traje de montar 5. tradicionales cuentos de hadas

D. 1. Bellas Artes 2. pura coincidencia 3. divertida fiesta 4. corto plazo 5. su santa voluntad, libre pensador 6. Santo Padre 7. mala hierba 8. una solemne tontería

E. 1. un nuevo coche 2. de algodón puro 3. una simple solución 4. de pura maldad 5. la antigua novia 6. el gerente mismo, al pobre hombre 7. tus propias cosas 8. un muchacho simple 9. un hecho cierto 10. un pueblo pequeño, ofrece diferentes atracciones 11. de raros ratos 12. la única estudiante 13. la iglesia antigua, un nuevo estacionamiento 14. mi viejo amigo Jaime 15. el mismo día, una casa propia

F. 1. paupérrima 2. mínimos 3. celebérrima 4. bonísimas (óptimas) 5. fortísimo 6. sapientísimo 7. pésima 8. máxima

10.3

A. 1. resbalar 2. cuarenta 3. sangre 4. amistar 5. sueño 6. Cervantes 7. quejar 8. mugre 9. cabeza 10. enojo 11. azul 12. mover 13. escándalo 14. chillar

B. 1. cultivaba 2. criaban 3. hacer crecer 4. subió (aumentó) 5. subió (aumentó) 6. recoger (recaudar) 7. creciendo 8. dejarse crecer 9. criar 10. cultivar 11. levantar

C. 1. suben (aumentan, han subido, han aumentado) 2. levantes 3. dejó crecerse (se dejó crecer) 4. a) levantar b) recoger (recaudar) 5. criar 6. ha

crecido 7. subir 8. se cultivan 9. han levantado 10. cultivar

10.4
A. Answers will vary.
B. Answers will vary.

CAPÍTULO 11

11.1

A. 1. parentesco 2. apacible 3. mostrenco 4. rota 5. despierto 6. deshacía 7. macarrón 8. alzar 9. asistir 10. ordeñar 11. correteaba 12. hispanizándose 13. manera de ser 14. en medio 15. pendenciero 16. apartar 17. culto 18. predilecto 19. por fuerza 20. se aguantó 21. borracheras 22. becerros 23. a subasta 24. ganaderos 25. embarcadura 26. de su propia cuenta

B. 1. b 2. c 3. a 4. c 5. b 6. c 7. a 8. c 9. a 10. c 11. c 12. b 13. a 14. b 15. a 16. a 17. c 18. b 19. c 20. a 21. c

C. 1. b, d, f, k 2. a, e, g, j 3. c, h, i, l

11.2

A. 1. tendrá 2. veremos 3. valdrá 4. vendrá 5. haré 6. saldrás 7. sabrás 8. pondré 9. cabremos 10. querrá 11. podrán 12. diremos 13. habrá 14. traerán

B. 1. ¿Quieres cerrarme esa ventana, por favor? 2. Dicen que hará mucho frío este invierno. 3. Saldremos para la playa tan pronto como deje de llover. 4. ¡Sarita, estudiarás esta lección hasta que la sepas! 5. Los niños no quieren limpiar su cuarto. 6. No te olvidarás de escribirme, ¿verdad? 7. ¿Qué hago ahora?

C. 1. será 2. Estudiará 3. sabrá 4. dirá
(pensará) 5. quedarán

D. 1. Daniel me prometió que tendría
cuidado. 2. Le pedí a Raúl que me
devolviera (devolviese) los libros
que me había pedido prestados, pero
no quiso. 3. Jorge dormiría mejor si
no tomara (tomase) / bebiera
(bebiese) tanto café por la noche.
4. ¿Te gustaría ir al cine conmigo?
Deberías divertirte más. 5. Durante
el verano, mis amigos y yo íbamos a
la playa a menudo para nadar y
tomar el sol.

E. 1. serían 2. romperían 3. a) lla-
maría b) estaría 4. Se iría 5. diría

F. 1. e 2. f 3. g 4. c 5. h 6. b 7. a
8. d

G. 1. a) Sergio debió de llegar tarde
b) Sergio hubo de llegar tarde.
c) Sergio probably arrived late.
2. a) Deben de ser las tres. b) Han
de ser las tres. c) It must be three
o'clock. 3. a) Alicia debía de haber
tenido trece años en aquel entonces.
b) Alicia había de tener trece años
en aquel entonces. c) Alicia was
probably thirteen years old at that
time. 4. a) Marcos debe de haber
ido ya. b) Marcos ha de haber ido
ya. c) Marcos must have left
already. 5. a) Luis se debió de
haber dormido temprano. b) Luis se
había de haber dormido temprano.
c) Luis must have fallen asleep
early. 6. a) Leticia debe de saberlo.
b) Leticia ha de saberlo. c) Leticia
must know (probably knows) it.

11.3

A. 1. hipoteca 2. monedas 3. un
endorso 4. plazo 5. caja chica (de
menores) 6. inventario

7. declararse en quiebra 8. pagaré
9. a) a plazos b) al contado

B. Answers will vary.

C. 1. tenga (tome) en cuenta
2. ajus-tarle las cuentas 3. la cuenta
4. cayó en la cuenta 5. me di cuenta
(de) 6. la cuenta 7. cuentas
8. cuentas 9. la cuenta atrás
10. trabajar por mi cuenta
11. presentaba las cuentas del Gran
Capitán 12. Hagamos (de) cuenta
que 13. más de la cuenta 14. a) En
resumidas cuentas b) las cuentas
c) sacar la cuenta 15. a fin de cuentas 16. por tu cuenta

11.4

A. 1. compañía 2. doctora 3. Sociedad
Anónima (*Inc.*) 4. general
5. apartado 6. primero izquierdo
7. su servidor(a) 8. licenciada

B. Answers will vary.

C. Answers will vary.

CAPÍTULO 12

12.1

A. 1. orar 2. panochas 3. ensalmos
4. escalinatas 5. escalones
6. afluencia 7. tenderetes 8. ortigas
9. empedradas 10. capilla
11. custodian 12. fardos 13. arco
iris 14. mantas 15. chales
16. hervidero 17. regatea
18. degustar 19. actuales 20. vesti-
menta 21. cargada 22. merecen

B. 1. b 2. a 3. b 4. a 5. c 6. b 7. a
8. c 9. a 10. a 11. b 12. c 13. a
14. b 15. a 16. a 17. a 18. b 19. a
20. b

12.2

A. 1. a) Anoche nuestra tía se acostó a las diez. b) Our aunt went to bed at ten last night. 2. a) Vas a despertarte muy temprano, ¿verdad? b) You are going to wake up very early, right? 3. a) Me bañé el sábado por la noche. b) I took a bath Saturday night. 4. a) Mi abuela se lavó la cara. b) My grandmother washed her face. 5. a) Ernesto y su hermano se enseñaron a esquiar. b) Ernesto and his brother taught themselves to ski.

B. 1. me desperté 2. me hubiera (hubiese) olvidado 3. despertarme 4. quedarme 5. prepararme 6. me levanté 7. ducharme 8. me afeité 9. me cepillé 10. me sequé 11. vestirme 12. desayunarme 13. me comí 14. me fijé 15. me di 16. Me reí 17. me dirigí 18. me desvestí 19. me acosté 20. dormirme 21. haberme equivocado

C. 1. se comió 2. se llevó 3. derretirse 4. se fue 5. se iba cortar el pelo 6. se iba a retratar 7. tomar un descanso 8. se divertirá

D. 2. X 4. X 5. X 7. X

E. 1. Eso no se hace aquí. 2. Se come bien aquí. 3. ¿Cómo se baila así? 4. Se habla español aquí. 5. ¿Cómo se puede explicar esto?

F. 1. Apenas suena la alarma, el ladrón es detenido por la policía. 2. La profesora no fue engañada por la mentira de la estudiante la semana pasada. 3. La cena de anoche fue preparada por la prima de Luisa. 4. Los ojos de Roberto serán examinados por el oftalmólogo pasado mañana. 5. Mi tía fue operada tres veces por el mismo cirujano el año pasado.

G. 1. estaba 2. están 3. fue 4. estaba 5. eran 6. estaban 7. fue 8. Fue

H. 1. Se admira mucho a ese escritor. 2. Se la ama mucho. 3. Se le encarcelará pronto. 4. Se les respeta mucho. 5. Se me dio un premio.

I. 1. Se firmaron todos los contratos rápidamente. 2. No estamos acostumbrados a mentir. 3. A Rolando se le pidió que tocara (tocase) la guitarra. 4. Se le permitió entrar. 5. Se habrá ahorrado mucho dinero para el 15 de julio. 6. Después del accidente, el esquiador temía que sus piernas estuvieran (estuviesen) rotas. 7. Era obvio que las flores habían sido traídas por Jorge. 8. La comida ya estaba caliente cuando llagamos. 9. Los informes fueron revisados por el jefe. 10. Estoy seguro/a de que la voz pasiva ya es entendida por todos.

12.3

A. 1. b 2. c 3. a 4. a 5. a 6. b 7. c 8. a 9. b 10. c 11. a 12. a 13. a 14. b 15. b 16. b 17. a 18. c 19. b 20. c 21. a 22. a 23. b 24. a 25. c

B. 1. ha cogido 2. ir por 3. acaba de llegar 4. compró 5. se le perdió 6. No se llevan 7. no entiendo 8. que se levante 9. salga para

C. 1. se lleven 2. comprendo (entiendo) 3. saliera (saliese) 4. a) llegó b) subir 5. consigue (obtiene) 6. a) Se hacía b) se puso c) habían llegado (vuelto, regresado) 7. a) Trae (Busca, Ve a buscar) b) pesques (cojas) 8. a) comprar b) conseguiría 9. Iré (Voy a ir) 10. a) recibió b) logró 11. deshazte (sal) 12. a) bajar b) me mojé c) desquitarme d) me quitara (quitase) e) llegara (llegase)

12.4

A. Answers will vary.

B. Answers will vary.

CAPÍTULO 13

13.1

A. 1. fervorosa 2. ha surgido 3. se asimilan 4. latinización 5. ha desplazado 6. aluvión 7. las olas 8. la contigüidad 9. la hegemonía 10. restrinjan 11. varones 12. marginados 13. se trueque 14. pesadilla 15. han alcanzado 16. destaca 17. esgrimidos 18. el grueso 19. se sancionó 20. cotidianamente 21. desvela 22. los rastros 23. criollos 24. bardo 25. fulmina

B. 1. b 2. c 3. a 4. a 5. c 6. b 7. a 8. b 9. a 10. b 11. c 12. a 13. c 14. a 15. a 16. b 17. c 18. b 19. a 20. a 21. b 22. a 23. b 24. a 25. c

13.2

A. 1. descendiente 2. fulgurante 3. quemante 4. hablante 5. sobrante 6. deprimente 7. semejante 8. sonriente 9. doliente 10. cortante 11. sofocante 12. colgante

B. 1. una máquina de coser 2. una máquina de escribir 3. Cesó de respirar 4. Dejó de hablar 5. tres años sin ver

C. 1. encantadora 2. hablador 3. sorprendente 4. fatigante 5. emprendedores 6. a) hirientes b) cortante 7. amenazante 8. exigente

D. 1. Después de haber estado enfermo 2. Al oír 3. a) Antes de salir b) acababa de usar 4. hasta recordar (acordarse de) 5. Sin prestarle atención

E. 1. poder 2. parecer 3. deber 4. sentir 5. ser 6. amanecer 7. pesar 8. haber 9. saber 10. anochecer (atardecer)

F. 1. Entrando el maestro en el aula 2. Sabiendo que 3. Aun diciéndomelo tú 4. Estando en mi lugar 5. Pensándolo bien 6. Haciendo buen tiempo

G. 1. Laura anda jactándose de su noviazgo con Felipe. 2. Paco dijo que venía a las diez. 3. Estuvimos trabajando todo el día ayer. 4. Ramona se va recuperando. 5. Le escribo para pedirle su ayuda. 6. Hace horas que espero a Luis. 7. Después de un breve descanso, Héctor siguió trabajando. 8. Llegamos (Vamos a llegar) pasado mañana.

H. 1. La vi saliendo. 2. Me oyeron tosiendo. 3. La retrató bailando sola. 4. Los recordábamos abrazándose unos a otros. 5. La descubrí (sorprendí) llorando.

I. 1. a) Muerto su padre ayer, todos estarían de luto hoy. b) If his father had died yesterday, everyone would be in mourning today.
2. a) Una vez terminada la tarea, me sentiría bien. b) If my homework were finished, I'd feel good.
3. a) Descansada, Elena volvería al trabajo. b) If she were rested, Elena would return to work.
4. a) Devueltos mis apuntes, podría estudiar esta noche. b) If my class notes were returned, I would be able to study tonight.
5. a) Teñido el pelo, te verías mucho más joven. b) If your hair were dyed, you would look much younger.

13.3

A. 1. chocantes 2. poniente 3. humi-llante 4. indecorosa 5. ganador 6. entrante 7. amorosa 8. insul-tantes 9. hispanohablantes 10. pendiente

B. 1. ensordecedor 2. conmovedor 3. espeluznante 4. llamativo 5. desgarrador 6. deslumbrante

C. 1. me alejé de 2. avanza 3. en movimiento 4. conmovieron 5. se mudó 6. movió (ha movido) 7. se mudó de 8. La jugada 9. acercarse a 10. se movía

13.4

A. Answers will vary.

B. Answers will vary.

CAPÍTULO 14

14.1

A. 1. convidada 2. soltó 3. el enlace 4. el suceso 5. el cuadro 6. atestado 7. airosas 8. atareada 9. monas 10. ostentaban 11. chanzas 12. revestida 13. achacoso 14. la ventura 15. matrimonio 16. ligera-mente 17. halagüeñas 18. cándida-mente 19. rotunda 20. un logogrifo 21. una pequeñez 22. soberbio 23. un escaparate 24. encareciera 25. desgarró 26. injurias 27. menosprecio

B. 1. b 2. c 3. a 4. c 5. c 6. c 7. a 8. c 9. a 10. c 11. b 12. a 13. c 14. b 15. c 16. a 17. b 18. b 19. a 20. c 21. a 22. a 23. b 24. a 25. b 26. c 27. b

14.2

A. 1. que 2. quienes 3. a) que b) Lo que 4. quien 5. a) que b) que c) Lo que 6. quienes 7. que 8. quienes 9. a) que b) que 10. que 11. a) que b) quien 12. a) lo que b) que c) quienes 13. que 14. a) quien b) que c) que 15. a) Lo que b) lo que 16. quien (que) 17. lo que

B. 1. la que 2. La que 3. a la cual 4. a quien 5. las cuales 6. de quien 7. que 8. que 9. lo que 10. la cual 11. a quien 12. Los que 13. la cual 14. el cual

C. 1. lo cual (lo que) 2. quienes 3. lo que 4. que 5. la cual (la que) 6. la cual 7. quienes 8. a) que b) quien 9. el cual 10. a) que b) lo cual 11. a) el cual b) lo cual 12. los que (los cuales) 13. lo cual (lo que)

D. 1. lo que 2. quien 3. que 4. lo cual 5. que 6. la cual 7. lo que 8. quien 9. lo cual 10. lo que 11. quien 12. el cual 13. que 14. quien 15. lo que 16. la cual 17. que 18. el cual 19. los cuales 20. que 21. lo cual 22. Lo que 23. la cual 24. quien 25. que 26. el cual 27. quien 28. que 29. que 30. las cuales (las que) 31. que 32. el cual 33. quien 34. Lo que 35. lo que 36. que 37. lo que 38. lo cual (lo que)

E. 1. Quienes 2. A quien(es) 3. A quien (Al que) 4. Quien (El que) 5. Los que (Quienes) 6. El (La) que

F. 1. cuyas 2. cuyos 3. cuya 4. cuyo 5. cuyas

G. 1. ¿De quién era esa historia? 2. ¿Era la historia cuyo héroe murió? 3. Yo no sé de quién era. 4. Era la joven cuyo marido acababa de llegar. 5. ¿De quién era el reloj que él se llevó?

14.3

A. 1. A quien madruga, Dios lo ayuda. 2. Dime con quien andas y te diré quien eres. 3. El que tiene tejado de vidrio, no tire piedras al del vecino. 4. No hay peor sordo que el que no quiere oír. 5. En el país donde fueres, haz lo que vieres. 6. No es oro todo lo que reluce.

B. 1. el asiento trasero (de atrás) 2. de espaldas 3. el respaldo 4. el lomo 5. la espalda 6. su sueldo atrasado 7. detrás de la casa 8. dar marcha atrás 9. por detrás 10. estaba de vuelta (regreso) 11. retrocedimos 12. contener

C. 1. a) volverse atrás b) devuelva 2. a) el asiento trasero (de atrás) b) la(s) espalda(s) 3. la parte de atrás 4. a) atrás b) el respaldo c) de espaldas 5. a) vuelvas (regreses) b) el patio 6. el dorso 7. El lomo 8. a) retroceder b) viajar con mochila 9. contener 10. a) devolveré la llamada b) esté de vuelta (regreso) 11. el lomo 12. a) está entre la espada y la pared b) respalde 13. el dorso 14. a) los números atrasados b) de atrás (trasero) c) la puerta trasera (de atrás) 15. fondo

14.4

A.1 Al envejecer, don Joaquín, quien es un antiguo amigo mío, va transformándose físicamente de una manera llamativa; apenas se parece al hombre que fue. En su juventud era robusto; ahora lleva mucho menos peso de lo debido. De joven, era alto, fornido y moreno, su pelo más oscuro que el plumaje de un cuervo; ahora no es ni alto, ni fuerte, ni moreno; sino encorvado, enfermizo, canoso. A pesar del hecho de que se haya puesto débil, y que se le olvide constantemente cuál es o la hora, o el día, o hasta el año, lo esencial de mi amigo no ha cambiado; sigue siendo una de las personas más bondadosas, cariñosas y agradables que conozco. Muchos se ponen quejosos con el aumento de los años, especialmente por los achaques que son casi inevitables en la vejez; él, no. No voy a decir que sea un santo, porque no hay ser humano que no se ponga irritable de vez en cuando, pero, en general, al encontrarse con don Joaquín en la calle, ya uno sabe que va a haber una conversación amena. Don Joaquín; que Dios lo guarde por muchos años más.

A.2 Nunca me ha gustado el invierno; hace mucho frío y siempre ando incómodo. Los árboles, desnudos y esqueléticos, me parecen muy feos; la tierra, cubierta de nieve y manchada de hojas secas, sueltas, no ofrece ningún consuelo; el cielo, a veces azul, otras, gris, da la impresión de una cubierta grande que trata de contener el aire enfriado, como si éste contagiara el resto del mundo si no se contuviera. Intento lo más posible quedarme dentro, pero siempre es necesario salir para ir al trabajo o hacer las compras; tener que hacerlas es un verdadero suplicio. Sí, ya sé, hay gente a quien le encantan el tiempo frío y los deportes invernales; a mí, no. Sólo espero ansiosamente la llegada de la primavera y los días de calor que trae; mientras tanto, aguanto el frío, imaginándome tendido en una playa de la Florida.

B.1 JULIO: María, ¿quién te informó que Raúl e Inés se habían casado?

MARÍA: La verdad, no recuerdo bien. ¿Sería la tía de él? Sólo sé que sí, que ahora están casados. ¿Por qué querías saber eso?

JULIO: Es que lo vi solo hace un par de semanas y cuando le pregunté qué tal iban las cosas, a mí no me dijo nada de ningún casamiento. ¿Cuándo fue la boda?

MARÍA: Pues, según su tía, fue anteayer, en la iglesia de Santo Tomás. Me dijo también que asistieron como 60 ó 70 invitados, aun más que yo sepa.

JULIO: ¿Cómo? ¿Y él no nos invitó a nosotros? ¿En qué habría estado pensando?

MARÍA: Sabrá Dios, pero, ¡qué sorpresa!, ¿no? ¡Quién iba a creer que Raúl terminara sus días de solterón!

JULIO: Tienes razón; yo nunca creía que fuera a casarse, y aún lo encuentro difícil de creer. Pero, claro, ojalá que los dos vivan muy felices.

B.2 JOSÉ: Buenos días, Luisa, ¿cómo estás?

LUISA: Muy bien, José, ¿y tú?

JOSÉ : Un poco preocupado.

LUISA: ¿Qué te preocupa?

JOSÉ: Un trabajo para una clase. ¿Te puedo pedir tu opinión sobre él?

LUISA: Sí, claro.

JOSÉ: Pues, la profesora García quiere que escribamos un trabajo de 14 ó 15 páginas para la clase de sicología, y no sé aún sobre qué debo escribir. Sólo se me ha ocurrido escribir sobre la caja de Skinner.

LUISA: ¿Pero, qué es esto? Hay muchos más temas posibles que ése, aun miles.

JOSÉ: Entendido, y por eso necesito tu ayuda. ¡Aconséjame, por favor!

LUISA: Bueno, Pepe, pensándolo bien, tal vez sería mejor que trabajaras solo.

JOSÉ ¿Por qué?

LUISA: Porque si a ti te sugiero un tema, luego querrás que te escriba tu trabajo, y eso será engañar.

JOSÉ: No, chica, sé razonable, no quiero nada sino un tema. Es que la profesora espera que le dé mi trabajo para este viernes y ¡no he escrito nada!

LUISA: Y a mí, ¿qué? Lo siento, Pepito, pero es mejor que hagas tu propio trabajo. Adiós.

JOSÉ: ¡No, Luisa, no me dejes así! ¡Estoy frenético!

C. Answers will vary.

D. Answers will vary.